中国古典诗文诵读

初级本

仇海平 主编
仇海平 何彦杰 编著

北京语言大学出版社
BEIJING LANGUAGE AND CULTURE
UNIVERSITY PRESS

© 2022 北京语言大学出版社，社图号 22067

图书在版编目（CIP）数据

中国古典诗文诵读 ：初级本 / 仇海平主编 ；仇海平，何彦杰编著 . -- 北京 ：北京语言大学出版社，2022.9（2023.9 重印）

ISBN 978-7-5619-6127-8

Ⅰ.①中… Ⅱ.①仇… ②何… Ⅲ.①汉语－对外汉语教学－语言读物②古典诗歌－诗集－中国③古典散文－散文集－中国 Ⅳ.① H195.5 ② I211

中国版本图书馆 CIP 数据核字（2022）第 148495 号

中国古典诗文诵读（初级本）
ZHONGGUO GUDIAN SHIWEN SONGDU (CHUJIBEN)

插图绘制：	史洪存
排版制作：	北京创艺涵文化发展有限公司
责任印制：	邝　天

出版发行：	北京语言大学出版社
社　　址：	北京市海淀区学院路 15 号，100083
网　　址：	www.blcup.com
电子信箱：	service@blcup.com
电　　话：	编 辑 部　8610-82303647/3592/3395
	国内发行　8610-82303650/3591/3648
	海外发行　8610-82303365/3080/3668
	北语书店　8610-82303653
	网购咨询　8610-82303908
印　　刷：	北京富资园科技发展有限公司

版　　次：	2022 年 9 月第 1 版	**印　次：**	2023 年 9 月第 2 次印刷
开　　本：	787 毫米 × 1092 毫米 1/16	**印　张：**	8.25
字　　数：	121 千字		
定　　价：	48.00 元		

PRINTED IN CHINA

凡有印装质量问题，本社负责调换。QQ：1367565611，电话：010-82303590

河北省高等教育教学改革研究与实践项目"中外学生中国古典诗文诵读共享课程建设"

（项目编号：2020GJJG093）

河北师范大学国际文化交流学院学术著作出版基金资助出版

《山水有清音》

史洪存 绘

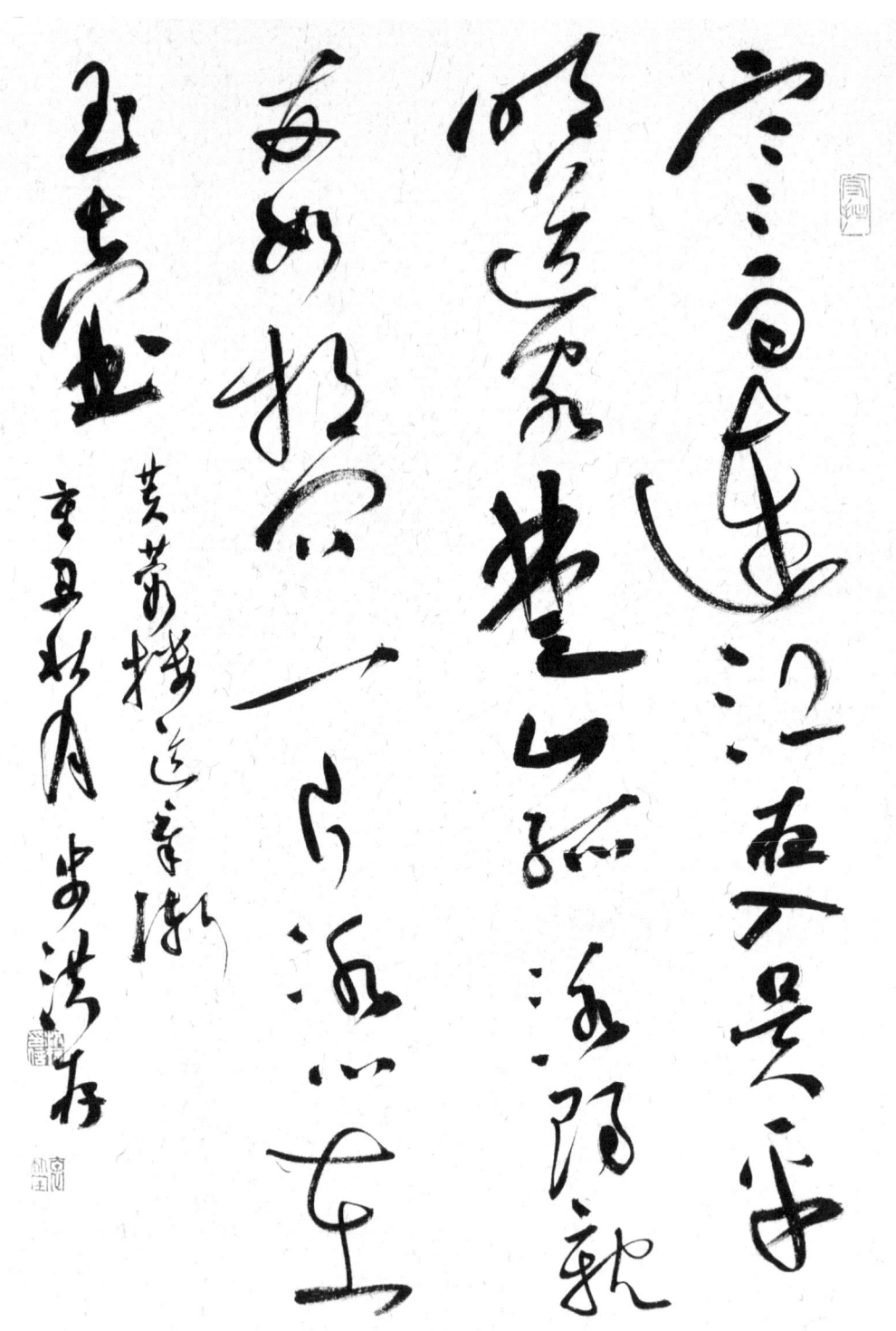

王昌龄《芙蓉楼送辛渐》
史洪存 书

月落乌啼霜满天,江枫渔火对愁眠。姑苏城外寒山寺,夜半钟声到客船。

张继《枫桥夜泊》
史洪存 书

昨夜雨疏风骤,浓睡不消残酒。试问卷帘人,却道海棠依旧。知否,应是绿肥红瘦。

李清照《如梦令》
史洪存 书

不拘一格降人才

史洪存 刻

前 言

《中国古典诗文诵读》系列读本是河北师范大学国际文化交流学院编撰的一套面向中外学生学习使用的系列教材。全套教材分为初级本、中级本、高级本三册，精选中国古代诗文300篇，解析疑难词句，鉴赏文学之美，阐释文化内涵，倡导中外学生循序渐进地诵读中国古典优秀诗文，感悟中华优秀传统文化，提高鉴赏能力与综合素养。

长期以来，中国古代文学作品选本编写多以时间为轴线，自先秦始，把《诗经》、楚辞作为起始学习内容，按照文学史发展演进脉络呈现，比较适合汉语言文学专业学生学习使用，而对于其他专业学生，特别是留学生，则未必适合。先秦诗文之古奥及较多文字障碍会令初学者望而生畏，一定程度上影响学生的学习信心与阅读兴趣。

《中国古典诗文诵读》系列教材精选自先秦至晚清广为流传、最具影响力的300篇作品，包括诗、词、散曲、散文、辞赋、骈文等，兼顾思想性与艺术性，朗朗上口，由浅入深，循序渐进，适合中外学生诵读学习。所选篇目按照难易程度、篇幅长短分为初级、中级、高级三册，每册收录100篇。初级、中级只选诗、词、散曲且以唐诗、宋词短篇作品为主，初级作品篇幅最短，中级作品篇幅加长。高级除收录《诗经》、楚辞及篇幅较长诗词作品外，还收入散文、辞赋、骈文等，其中长篇作品仅节选经典片段诵读，鼓励学习者课外继续拓展。

本套教材初级、中级、高级三册厚度次第增加，作品篇幅逐渐加长，阅读难度逐渐提升，便于读者轻松入门，激发学习兴趣，增强学习信心，逐步掌握全部作品，从而了解中国古代诗文基本风貌与发展历程。本套教材附有诗文作者简介、注释、简析，倡导学习者在文化视角下诵读经典、学习诗文。本套教材不仅适合汉语国际教育专业中外学生，也适合对中国古代诗文感兴趣的普通读者。诵读古典诗文，品味优秀文化，建树美好人生。

《中国古典诗文诵读》系列教材是在河北师范大学国际文化交流学院原院长赵金广教授及现任院长姜文振教授组织领导下，由学院多年从事教学研究的教师团队集体编写而成的，崔福建教授对本教材的编写提出了宝贵意见。具体分工如下：仇海平、何彦杰负责初级本编写，王俊杰、高文霞负责中级本编写，王军、阎浩然、刘永静负责高级本编写，史洪存负责书画篆刻创作。

限于经验不足，本教材编写难免存在疏漏之处，恳请专家与读者批评指正。

2021年10月

目 录

刘邦
 大风歌 / 1

李延年
 北方有佳人 / 2

汉乐府
 江　南 / 3

南朝乐府
 秋　歌（秋风入窗里）/ 4

北朝乐府
 敕勒歌 / 5

贺知章
 咏　柳 / 6
 回乡偶书（少小离家老大回）/ 7

陈子昂
 登幽州台歌 / 8

王翰
 凉州词（葡萄美酒夜光杯）/ 9

王之涣
 登鹳雀楼 / 10
 凉州词（黄河远上白云间）/ 11

孟浩然
 春　晓 / 12
 宿建德江 / 13

王昌龄
 出　塞（秦时明月汉时关）/ 14
 闺　怨 / 15
 芙蓉楼送辛渐（寒雨连江夜入吴）/ 16

高适
 别董大（千里黄云白日曛）／17

王维
 九月九日忆山东兄弟／18
 送元二使安西／19
 相　思／20
 鹿　柴／21
 竹里馆／22
 鸟鸣涧／23

李白
 静夜思／24
 黄鹤楼送孟浩然之广陵／25
 闻王昌龄左迁龙标遥有此寄／26
 望庐山瀑布（日照香炉生紫烟）／27
 早发白帝城／28

杜甫
 绝　句（迟日江山丽）／29
 绝　句（两个黄鹂鸣翠柳）／30

岑参
 逢入京使／31
 碛中作／32

张继
 枫桥夜泊／33

张志和
 渔父歌（西塞山前白鹭飞）／34

刘长卿
 逢雪宿芙蓉山主人／36

韦应物
 滁州西涧／37

乌　江　／ 83

陆游

十一月四日风雨大作　／ 84

示　儿　／ 85

杨万里

闲居初夏午睡起（梅子留酸软齿牙）　／ 86

小　池　／ 87

晓出净慈送林子方（毕竟西湖六月中）　／ 88

朱熹

春　日　／ 89

观书有感（半亩方塘一鉴开）　／ 90

辛弃疾

丑奴儿·书博山道中壁　／ 91

清平乐（茅檐低小）　／ 92

西江月·夜行黄沙道中　／ 93

西江月·遣兴　／ 94

戴复古

清平乐·兴国军呈李司直　／ 95

蒋捷

虞美人·听雨　／ 96

释慧开

颂　古（春有百花秋有月）　／ 98

某尼

悟　道　／ 99

马致远

【越调】天净沙·秋思　／ 100

于谦

石灰吟　／ 101

纳兰性德

长相思（山一程）　／ 102

郑燮

　　竹　石　/ 103

赵翼

　　论　诗（李杜诗篇万口传）/ 104

龚自珍

　　己亥杂诗（浩荡离愁白日斜）/ 105

　　己亥杂诗（九州生气恃风雷）/ 106

李叔同

　　送　别　/ 107

参考书目 / 109

刘邦

刘邦（前256或前247—前195），字季，沛县（今属江苏）人。西汉开国皇帝，即汉高祖。逯钦立《先秦汉魏晋南北朝诗》录其诗二首。

大风歌

大风起兮云飞扬[1]，威加海内兮归故乡[2]，安得猛士兮守四方[3]！

（《史记》卷八，中华书局1959年）

注释

[1] 兮（xī）：语气词，相当于"啊"。
[2] 威加海内：威震天下。加，施加。
[3] 安得：哪里得到，如何得到。

简析

《史记》卷八《高祖本纪》记载，公元前196年，汉高祖刘邦平定淮南王英布叛乱后，回到家乡沛县，与父老乡人饮宴。酒酣之际，高祖击筑（一种古乐器），作此歌诗，沛中童子一百二十人唱和。高祖且歌且舞，慷慨伤怀，泪如雨下。

秦汉之际，风云变幻；衣锦还乡，志得意满；居安思危，忧患慨叹。试问高祖当年事，楚歌一曲尽悲欢！

李延年

李延年，生卒年不详，中山（今河北定州一带）人。汉武帝时官协律都尉。逯钦立《先秦汉魏晋南北朝诗》录其诗一首。

北方有佳人

北方有佳人，绝世而独立[1]，一顾倾人城[2]，再顾倾人国。宁不知倾城与倾国[3]，佳人难再得！

（《汉书》卷九七上，中华书局1962年）

注释

[1] 绝世：冠绝当世，举世无双。
[2] 顾：看。倾：倾倒，覆灭。
[3] 宁：岂，难道。

简析

《汉书》卷九七上《外戚传》记载，李延年精通音律，擅长歌舞，曾为汉武帝起舞而歌，献此曲。《诗经·大雅·瞻卬》曰"哲妇倾城"（智慧的妇人能毁城墙），已有"美人亡国"之论。李延年反其意而为之，描写男性纠结于理智与情感而最终还是对美人欲罢不能，从而盛赞佳人之美。汉武帝听后颇为感慨，询问世上是否真有这样的绝代佳人。平阳公主于是举荐李延年之妹，果然妙丽善舞，成为汉武帝宠姬，即李夫人。一代美姬之传奇人生，由此开启。

倾城丽质难自弃，一曲获幸君王欢。世间多少风流事，不论因果论机缘。

汉乐府

乐府,原是中国古代音乐机关的名称,秦代已设立,汉武帝时规模拓展。魏晋以后,古代音乐机关收集整理的歌诗也被称为"乐府"。在宋人郭茂倩《乐府诗集》中,汉乐府歌诗主要见于"郊庙歌辞""鼓吹曲辞""相和歌辞""杂歌谣辞"。

江 南

江南可采莲,莲叶何田田[1],鱼戏莲叶间。鱼戏莲叶东,鱼戏莲叶西,鱼戏莲叶南,鱼戏莲叶北。

(《乐府诗集》卷二六,中华书局1979年)

注释

[1] 田田:形容莲叶茂盛的样子。

简析

《晋书·乐志下》:"但歌,四曲,出自汉世。无弦节,作伎最先唱,一人唱,三人和。"杨荫浏《中国古代音乐史稿》认为"但歌"是汉乐府"相和歌"早期的一种形式,清唱加帮腔,即"一人唱,三人和"。余冠英《乐府诗选》认为:"'鱼戏莲叶东'以下可能是和声。"

江南水乡,莲叶秀美,鱼儿嬉戏,观者沉醉。采莲放歌,惊起鸥鹭纷飞;余音袅袅,融入一池葱翠。

> **南朝乐府**
>
> 在宋人郭茂倩《乐府诗集》中，南朝乐府主要见于"清商曲辞""杂曲歌辞""杂歌谣辞"。

秋 歌[1]

秋风入窗里，罗帐起飘飏[2]。仰头看明月，寄情千里光。

（《玉台新咏笺注》卷一〇，中华书局1985年）

注释

[1] 秋歌：南朝乐府有《子夜四时歌》，分为春歌、夏歌、秋歌、冬歌。
[2] 飏（yáng）：同"扬"，飞扬。

简析

南朝乐府中，《子夜四时歌》多描写春夏秋冬四时景物，歌咏爱情之悲欢忧喜。这是一首秋歌，文辞简洁，意蕴缠绵，如风行水上，自然成文。

秋风习习，罗帐翻卷；触动心怀，波澜无限。夜色如水，对月呢喃；远方之人，是否牵念？

北朝乐府

在宋人郭茂倩《乐府诗集》中，北朝乐府主要见于"横吹曲辞""杂曲歌辞""杂歌谣辞"。

敕勒歌[1]

敕勒川[2]，阴山下[3]。天似穹庐[4]，笼盖四野。天苍苍，野茫茫，风吹草低见牛羊[5]。

（《乐府诗集》卷八六，中华书局1979年）

注释

[1] 敕勒（Chìlè）：古代北方民族。

[2] 敕勒川：指敕勒族所居之地。

[3] 阴山：中国北方东西向主要山脉之一，横亘于内蒙古一带。

[4] 穹庐（qiónglú）：游牧民族居住的圆顶毡帐。

[5] 见（xiàn）：同"现"，出现。

简析

敕勒族是北朝时期一个游牧族群，生活在今天山西北部、内蒙古一带。《敕勒歌》是一首牧歌，也曾用作军歌。据《乐府诗集》引《乐府广题》以及《北齐书》卷二《神武帝纪下》，东魏孝静帝武定四年（546），东魏高欢在玉壁（今山西稷山西南）攻打西魏受挫，元气大伤，令大将斛律金高歌一曲《敕勒歌》，高欢亲自与之唱和。

北地风光，天高云淡，牛羊成群，草原铺展。男儿勇武豪爽，赛苍鹰矫健；歌声天然高古，挥大笔如椽。

贺知章

贺知章（659—约744），字季真，自号四明狂客，越州永兴（今属浙江杭州）人。官至太子宾客、秘书监，世称贺宾客、贺监。与张旭、包融、张若虚合称"吴中四士"，与李白、张旭等合称"饮中八仙"。《全唐诗》录其诗一卷。

咏 柳

碧玉妆成一树高[1]，万条垂下绿丝绦[2]。不知细叶谁裁出，二月春风似剪刀。

[《全唐诗》(增订本)卷一一二，中华书局1999年]

注释

[1]"碧玉"句：高挑的柳树好像梳妆打扮好的美女。碧玉，南朝乐府有《碧玉歌》，咏美女，这里喻指柳树。
[2]"万条"句：众多柳枝低垂，好像绿色丝带。绦（tāo），用丝线编织的装饰衣物的带子。

简析

此诗为咏柳名篇，妙在比喻新巧，却不造作。

柳树婀娜娇柔，似小家碧玉换新妆；枝条轻盈摇摆，如绿色丝带舞霓裳。二月春风，正是这妙手绣娘，裁出如丝细叶，送来春意摇漾。

回乡偶书

少小离家老大回，乡音无改鬓毛衰[1]。儿童相见不相识，笑问客从何处来。

（《唐诗三百首》卷八，中华书局1984年）

注释

[1] 衰：这里指鬓发稀少。

简析

《旧唐书》卷一九〇中、《新唐书》卷一九六本传记载，武后证圣元年（695），贺知章37岁，登进士第，授四门博士，步入仕途。唐玄宗天宝二年（743），上表请为道士，求还乡里。次年正月，贺知章86岁，离长安，玄宗作诗赠行，当时文士多有赠诗。贺知章作《回乡偶书》二首，此为其一。

漂泊五十载，游子今还乡。当日少年闯天下，归来已是鬓苍苍。老去年龄与容貌，乡音乡情终不老。满怀是旧事，满眼是新人。叶落归故土，拳拳赤子心。

中国古典诗文诵读

陈子昂

陈子昂（659—700），字伯玉，梓州射洪（今属四川）人。官至右拾遗，世称陈拾遗。有《陈子昂集》。

登幽州台歌[1]

前不见古人，后不见来者。念天地之悠悠，独怆然而涕下[2]。

[《全唐诗》（增订本）卷八三，中华书局1999年]

注释

[1] 幽州台：即蓟北楼，故址在今北京西南。
[2] 怆（chuàng）然：形容悲伤的样子。涕（tì）：眼泪。

简析

据唐人卢藏用《陈氏别传》，武后万岁通天元年（696）秋，武攸宜征契丹。陈子昂参谋军事，屡次向武攸宜进谏，言辞恳切，却遭拒绝并被降职，因而登蓟北楼，遥想当年乐毅得遇燕昭王之事，感古怀今，以参差之句抒写不平之气，慷慨顿挫，风骨俊朗。

从军失意，感怀登临，君臣遇合似幻梦，不遇之悲如骨鲠。前有逝者，后无来人，拒绝整个俗世，怆然独对苍穹。

王翰

王翰,生卒年不详,字子羽,并州晋阳(今山西太原)人。张说为相时,官至通事舍人,转驾部员外郎。《全唐诗》录其诗一卷。

凉州词[1]

葡萄美酒夜光杯,欲饮琵琶马上催。醉卧沙场君莫笑,古来征战几人回。

[《全唐诗》(增订本)卷一五六,中华书局 1999 年]

注释

[1]凉州词:乐府中有"凉州"之调名,凉州词即凉州歌词。凉州,唐州名,今甘肃武威。

简析

王翰《凉州词》原作二首,此为其一。这是一首军旅之作,描写戍边将士出征前慷慨豪饮的情形。葡萄在唐代为西域特产,夜光杯传说是用西北白玉制成的宝物,琵琶则是西域乐器中的佼佼者,此诗抓住三件典型器物来写,颇有特色。

葡萄美酒,玉杯旋转;琵琶乐伎,歌舞阵前。异域风情,瞬间点亮;狂歌痛饮,血脉偾张。个中滋味,请君细读:读其豪放,读其悲怆,读其旷达,读其狂浪……

王之涣

王之涣（688—742），字季凌，原籍晋阳（今山西太原），迁于绛（今山西新绛）。晚年官文安（今属河北）尉。《全唐诗》录其诗六首。

登鹳雀楼[1]

白日依山尽，黄河入海流。欲穷千里目[2]，更上一层楼。

[《全唐诗》（增订本）卷二五三，中华书局1999年]

注释

[1] 鹳（guàn）雀楼：在蒲州（今山西永济）。
[2] 穷：尽。

简析

这是一首登临之作。此诗由两组对仗构成，极其工巧，读者往往浑然不觉，因其气格高远，读之即被笼罩、征服。作为一首格律诗，讲平仄，用对仗，丝毫不觉刻意经营，真可谓鬼斧神工。

登楼远望，夕阳西下；黄河入海，涌动落霞。更上层楼，百尺竿头；万千气象，眼底尽收。三言两语，襟怀洒脱；欲寻诗笔，山水平阔。

凉州词 [1]

黄河远上白云间,一片孤城万仞山[2]。羌笛何须怨杨柳[3],春风不度玉门关[4]。

(《唐诗三百首》卷八,中华书局1984年)

注释

[1] 凉州词:《唐诗三百首》诗题作《出塞》。出塞,乐府旧题,出征边塞之意。
[2] 万仞(rèn):此处形容山极高。仞,古代长度单位。
[3] "羌笛"句:羌笛何必吹奏哀怨的《折杨柳》曲调呢?
[4] 度:越过。玉门关:汉代设置,故址在今甘肃敦煌西北。

简析

王之涣《凉州词》原作二首,此为其一。这是一首边塞诗,也是一首乐府诗。唐人薛用弱《集异记》卷二记载"旗亭画壁"之掌故,唐玄宗开元年间,王昌龄、高适与王之涣于酒肆观伶人演唱歌诗,一争诗名。王之涣这首作品力压群芳,夺得盛誉。

黄河苍茫,白云空寂;孤城高山,辽远无际。一缕乡愁,一曲羌笛;凄楚幽怨,如诉如泣。风干之心,龟裂之躯;思慕春风,遥不可及。

孟浩然

孟浩然（689—740），字浩然，以字行，襄州襄阳（今属湖北）人。与王维并称"王孟"。有《孟浩然诗集》。

春 晓[1]

春眠不觉晓，处处闻啼鸟。夜来风雨声，花落知多少。

[《全唐诗》(增订本)卷一六〇，中华书局1999年]

注释

[1] 晓：天刚亮的时候。

简析

这是一首脍炙人口的小诗，清新自然，宛若天成。

微光透窗，鸟鸣晨曦。昨夜风雨，花落几许？似醒非醒，恍惚迷离。触摸春天，最有诗意。

宿建德江[1]

移舟泊烟渚[2],日暮客愁新。野旷天低树,江清月近人。

[《全唐诗》(增订本)卷一六〇,中华书局1999年]

注释

[1] 建德江:指新安江流经建德(今属浙江)的一段。
[2] 烟渚(zhǔ):暮霭笼罩下的小洲。渚,水中的小块陆地。

简析

据李景白《孟浩然诗集校注》前言诗人生平,唐玄宗开元十六年(728),孟浩然赴长安应试。第二年春,落第还乡,内心颇为愤懑。开元十八年(730),漫游吴越一带,至建德,作此诗,表达落魄心绪。

不第之苦楚,游子之悲戚,日暮时分,郁积心头,是愁绪。举目望,原野空寂,天幕低垂,唯有江心冷月,是知己。

王昌龄

王昌龄（？—756），字少伯，京兆万年（今陕西西安）人。官江宁（今江苏南京）丞、龙标（今湖南黔阳）尉等，世称王江宁、王龙标。《全唐诗》录其诗四卷。

出 塞

秦时明月汉时关，万里长征人未还。但使龙城飞将在[1]，不教胡马度阴山。

[《全唐诗》（增订本）卷一四三，中华书局1999年]

注释

[1] 龙城：即卢龙城，在今河北。汉时属右北平郡，飞将军李广曾为太守，匈奴畏惧，多年不敢入侵。

简析

王昌龄《出塞》原作二首，此为其一，是边塞诗名篇。这首诗篇幅虽短，却气格超迈，语出惊人，深沉凝重。

边塞，一张血盆大口，吞噬远征士卒，无止无休。戍守连年，妻儿离散，磨穿甲胄，唯有关塞依旧，明月依旧。凭谁问：将军去矣，尚能战否？

闺 怨

闺中少妇不知愁,春日凝妆上翠楼[1]。忽见陌头杨柳色[2],悔教夫婿觅封侯[3]。

(《唐诗三百首》卷八,中华书局1984年)

注释

[1] 凝妆:盛妆。
[2] 陌:田间的小路。
[3] 夫婿:丈夫。

简析

  王昌龄以七绝著称于世,有"诗家夫子王江宁"之美誉,此诗可管窥一豹。作者抓住"游春"这个独特节点,从"不知愁"到"忽见"进而"悔",准确捕捉少妇心理之微妙变化,起承转合,次第写来,有章法,有诗趣,将七绝可能表现的跌宕腾挪尽显出来。

  少妇无愁,盛妆出游。忽见杨柳青青,春光熟透,才晓得流年似水,覆而难收。叹孤单无依,悔怨跃上心头。

芙蓉楼送辛渐[1]

寒雨连江夜入吴，平明送客楚山孤[2]。洛阳亲友如相问，一片冰心在玉壶[3]。

（《唐诗三百首》卷八，中华书局1984年）

注释

[1] 芙蓉楼：一般认为遗址在润州（今江苏镇江）西北。辛渐：王昌龄友人。
[2] 平明：天亮的时候。
[3] "一片"句：我自信高洁无瑕，如同玉壶藏冰。

简析

王昌龄《芙蓉楼送辛渐》原作二首，此为其一，是一首送别之作。前两句点题，寒雨连江，潮湿阴冷，送别友人，倍感孤独。此种心境不仅源自送别，还有作者此时因贬官遭受诟病内心产生的愤懑。随后笔锋一转，抒写自己冰清玉洁的人格，拜托朋友，代以明志。结句虽跳脱送别主题，却别有特色。大手笔者，任性而为，无施不宜。

援取一江银河水，与君共饮品清浊；揽摘一轮白玉盘，与君共赏话冷暖！

高适

高适（约700—765），字达夫，郡望渤海蓨（今河北景县）。官终散骑常侍，封渤海县侯，谥忠。世称高常侍，与岑参并称"高岑"。有《高常侍集》。

别董大[1]

千里黄云白日曛[2]，北风吹雁雪纷纷。莫愁前路无知己，天下谁人不识君！

（《高适集校注》，上海古籍出版社2014年）

注释

[1] 董大：一般认为是唐代著名琴家董庭兰，排行为大。唐人多用同祖父母或同曾祖父母的兄弟间的排行代替本人名字。
[2] 曛（xūn）：昏暗。

简析

高适《别董大》原作二首，此为其一，是一首送别名作。前两句用白描，写日色昏黄，北雁南飞，大雪纷纷，营造出送别时天地含愁的氛围。后两句一改送别诗缠绵凄楚之格调，翻出新意，写出信心与豪迈，使人为之一振，打点精神，直面未来。

才华横溢誉天下，举世倾倒皆为君。送别赠诗如烈酒，豪饮一斛长精神！

王维

王维（701?—761），字摩诘，原籍太原祁县（今属山西），迁于蒲州（今山西永济）。官至尚书右丞，世称王右丞。与孟浩然并称"王孟"。有《王右丞集》。

九月九日忆山东兄弟[1]

独在异乡为异客，每逢佳节倍思亲。遥知兄弟登高处，遍插茱萸少一人[2]。

[《全唐诗》(增订本)卷一二八，中华书局1999年]

注释

[1] 九月九日：重阳节。山东：指华山以东。
[2] 茱萸（zhūyú）：植物名，味辛烈，可入药。重阳节有插戴茱萸去邪避恶习俗。

简析

据陈铁民《王维集校注》所附年谱，唐玄宗开元五年（717），王维17岁，居长安，谋求功名，重阳佳节之际作此诗。古时重阳有登高、赏菊、插戴茱萸等习俗，此诗今昔对比，从对面写来，抒写思乡念亲之情。

念兮往昔，兄弟团聚；携手登高，遍插茱萸。今夕何夕，远离故土；举目无亲，惆怅孤独。少年赋词，不假思索；情至而发，是为真我。

送元二使安西[1]

渭城朝雨浥轻尘[2]，客舍青青柳色新。劝君更尽一杯酒，西出阳关无故人[3]。

（《王维集校注》卷四，中华书局2018年）

注释

[1] 元二：王维友人，姓元，排行为二。使：出使。安西：唐代设安西都护府，治所在今新疆库车附近。

[2] 渭城：即咸阳，因南临渭水而得名。浥（yì）：沾湿。

[3] 阳关：今之阳关在甘肃敦煌西南，因在玉门关之南而得名，古时与玉门关同为西域交通门户。

简析

这是一首送别友人的诗作。前二句如水墨画，静谧淡远，后二句则直抒胸臆，释放真性情，毫无遮拦。唐人绝句当时大部分入乐歌唱，此诗又名《渭城曲》《阳关曲》，后反复吟咏为琴歌《阳关三叠》，版本颇多，传唱至今。

尘埃歇落，朝雨轻润；客舍青青，柳色如新。一去天涯，友人将行；万语千言，尽在酒中。举杯，举杯，杯莫停。只为今日一别，从此知音难寻！

相 思

红豆生南国,春来发几枝[1]。愿君多采撷[2],此物最相思。

(《唐诗三百首》卷七,中华书局1984年)

注释

[1] 发:生长,产生。
[2] 撷(xié):摘。

简析

红豆在中国文化中被赋予相思之意。李时珍《本草纲目》木部卷三五"相思子"条目引古今诗话云,古时有男子戍边而死,妻子哭死于红豆树下,枝头结出相思红豆。王维这首诗正是在此文化寓意上用平白如话的语言歌咏红豆、寄托相思,成为当时广为传唱的歌曲。

春情荡漾,红豆粲然。如泪似血,相思无言。

鹿　柴[1]

空山不见人，但闻人语响[2]。返景入深林[3]，复照青苔上。

[《全唐诗》（增订本）卷一二八，中华书局 1999 年]

注释

[1] 鹿柴（zhài）：地名，王维辋川（今陕西蓝田）别墅二十景之一。柴，通"砦""寨"，有栅栏围挡的村墅。
[2] 但：只。闻：听到。
[3] 返景：反照的日光。景，日光。

简析

据陈铁民《王维集校注》所附年谱，约自唐玄宗天宝三年（744），王维经营蓝田辋川别墅，作为隐居之所。与裴迪等好友弹琴、咏啸、赋诗，汇成《辋川集》。《鹿柴》是《辋川集》二十首五绝中的一篇，是一首山水诗，也是一首禅诗。

空山寂寂，尚有人语回响；密林冥冥，却得一抹夕阳。有无之间，欲辨忘言；得失之处，谁人了悟？

竹里馆[1]

独坐幽篁里[2],弹琴复长啸[3]。深林人不知,明月来相照。

[《全唐诗》(增订本)卷一二八,中华书局 1999 年]

注释

[1] 竹里馆:地名,王维辋川(今陕西蓝田)别墅二十景之一。
[2] 篁(huáng):竹林。
[3] 啸:撮口发出长而清越的声音。

简析

此诗也是王维《辋川集》二十首五绝中的一篇,也是一首禅诗。

独坐竹林,怡然抚琴;长啸抒怀,清风散襟。明月相伴,忘怀冬春;仰观落花,卧看浮云。

鸟鸣涧 [1]

人闲桂花落[2]，夜静春山空。月出惊山鸟，时鸣春涧中。

［《全唐诗》（增订本）卷一二八，中华书局1999年］

注释

[1] 涧：夹在两山之间的水沟。
[2] 桂花：植物名，品种繁多，一般秋季开花，四季桂则每两三个月开花。

简析

此诗是王维为友人皇甫岳所居别墅题写的《皇甫岳云溪杂题五首》之一，写景亦融入禅意。

远离俗务，澄澈本心，见桂花离枝飘摇而落，听月照溪涧山幽鸟鸣。夜，静；山，空。

李白

李白(701—762),字太白,号青莲居士,原籍陇西成纪(今甘肃静宁西南)。唐玄宗时供奉翰林,世称李翰林。与杜甫并称"李杜"。有《李太白全集》。

静夜思[1]

床前明月光,疑是地上霜。举头望明月[2],低头思故乡。

(《唐诗三百首》卷七,中华书局1984年)

注释

[1] 静夜思:《唐诗三百首》诗题作《夜思》。
[2] 举头:抬头。

简析

这是一首脍炙人口的咏月思乡之作。

光影凝霜,静谧清冷;乡情如月,心湖颤动。年华飞逝,漂泊不定;寒来岁尽,功业未成。焦虑之情,赫然而生。月光小夜曲,无声亦动人。

黄鹤楼送孟浩然之广陵[1]

故人西辞黄鹤楼[2],烟花三月下扬州[3]。孤帆远影碧空尽,唯见长江天际流[4]。

[《全唐诗》(增订本)卷一七四,中华书局 1999 年]

注释

[1] 黄鹤楼:故址在今湖北武昌蛇山。之:往。广陵:今江苏扬州。

[2] 故人:旧友,老朋友。此处指孟浩然。

[3] 烟花:形容春天繁花似锦之貌。

[4] 唯:只。

简析

据安旗、薛天纬《李白年谱》,此诗作于唐玄宗开元十六年(728),李白游江夏(今湖北武汉),遇孟浩然。时孟浩然即将东游吴越,李白在黄鹤楼为其送行。这首送别诗寓情于景,呈现盛唐气象。

烟花三月,生机盎然。送君南浦,黄鹤翩跹。孤帆远影,渐行渐远。伫立远眺,融入春天。休道离情苦楚,满眼蓬勃绚烂!

闻王昌龄左迁龙标遥有此寄[1]

杨花落尽子规啼[2],闻道龙标过五溪[3]。我寄愁心与明月,随风直到夜郎西[4]。

[《全唐诗》(增订本)卷一七二,中华书局1999年]

注释

[1] 左迁:贬官。中国古代以右为尊,贬谪称左迁。龙标:在今湖南洪江。
[2] 子规:杜鹃鸟。
[3] 五溪:辰溪、酉溪、巫溪、武溪、沅溪的合称,在今湖南西部、贵州东部。
[4] 夜郎西:此处指龙标。夜郎,唐代夜郎有三处,两个在今贵州桐梓,本诗所说的"夜郎"在今湖南怀化境内。

简析

《新唐书》卷二〇三《王昌龄列传》载,王昌龄曾因不拘小节,贬官龙标尉,李白闻之,写诗遥寄。这首诗信手写来,出神入化,不落窠臼。

杨花落尽,杜鹃悲啼。时值暮春,心情忧戚。不在君侧,何以慰藉?心寄明月,随风去兮。去兮,去兮,略抚君怀,遥传我意。

望庐山瀑布[1]

日照香炉生紫烟[2],遥看瀑布挂前川。飞流直下三千尺,疑是银河落九天[3]。

(《李太白全集》卷二一,中华书局1977年)

注释

[1] 庐山:在今江西九江。
[2] "日照"句:日光照耀着庐山香炉峰,云雾缭绕,紫气蒸腾。
[3] 九天:天之最高处。古人有天为九重之观念。

简析

李白《望庐山瀑布》原作二首,此为其二。这首诗不仅写出了庐山瀑布的飞腾气势,而且将其置于梦幻仙境,前后一体,章法井然。

日照香炉,紫烟浮现;瀑布直下,九天高悬。胜景奇幻,恐非自然;胸中丘壑,君怀伟岸。

早发白帝城[1]

朝辞白帝彩云间,千里江陵一日还。两岸猿声啼不住,轻舟已过万重山。

(《唐诗三百首》卷八,中华书局1984年)

注释

[1] 早发白帝城:《唐诗三百首》诗题作《下江陵》。白帝城,在今重庆奉节。江陵,今属湖北。

简析

据安旗、薛天纬《李白年谱》,唐肃宗至德二年(757)正月,李白入永王李璘幕,志在报国平乱。不料肃宗以叛乱治李璘罪,李白受牵连,流放夜郎(在今贵州)。乾元二年(759)三月,李白流放途中在白帝城遇赦,返江陵,作此诗。作品化用郦道元《水经注》中《江水》的描写,将白帝城至江陵一段江水动态呈现,抒发遇赦之后轻快欢欣的心情。

彩云翔舞,为我而来;轻舟御风,听我安排。猿声未歇,悠哉悠哉;江流湍急,快哉快哉。此身轻快,万重山水飞载;此心畅快,千里盛景入怀。

杜甫

杜甫（712—770），字子美，号杜陵布衣、少陵野老，巩县（今河南巩义）人。唐肃宗时官左拾遗，代宗时官检校工部员外郎，世称杜少陵、杜拾遗、杜工部。与李白并称"李杜"。有《杜工部集》。

绝 句

迟日江山丽[1]，春风花草香。泥融飞燕子，沙暖睡鸳鸯。

[《全唐诗》（增订本）卷二二八，中华书局1999年]

注释

[1] 迟日：即春日。化用《诗经·豳风·七月》之"春日迟迟"。

简析

据四川省文史研究馆所编《杜甫年谱》，唐肃宗上元元年（760）春，杜甫至成都投奔好友严武，在浣花溪建草堂而居。虽是避难在外，仍不失对生活的热爱。代宗广德二年（764），创作一组五绝，原作二首，此为其一。

春日迟迟，江山秀妍；微风过处，草娇花艳。燕子筑巢，泥融土软；鸳鸯酣眠，水清沙暖。乱世避难，乐水乐山；一草一木，深情眷恋。仁者忧怀天下，皆因深爱人间。

绝 句

两个黄鹂鸣翠柳,一行白鹭上青天。窗含西岭千秋雪,门泊东吴万里船[1]。

[《全唐诗》(增订本)卷二二八,中华书局1999年]

注释

[1] 泊:停船靠岸。

简析

据四川省文史研究馆所编《杜甫年谱》,唐肃宗宝应元年(762)七月,严武自成都入朝,杜甫离开浣花溪草堂,辗转于绵州(今四川绵阳)、梓州(今四川三合)一带。第二年,安史之乱平定。代宗广德二年(764),严武还任成都节度使,杜甫回到浣花溪草堂,出任节度使署中参谋、检校工部员外郎。代宗永泰元年(765)正月,杜甫辞去幕僚之职,闲居草堂。自春至初夏,心情畅快,挥笔写下许多诗篇。这组七绝是这一时期所作,吟咏美景,寄托胸怀。原作四首,此为第三首,是最为脍炙人口的一首。作品由两组对仗组成,一动一静,相映成趣。虽是一首写景小诗,却将国事家事包孕其中,颇见功力。

黄鹂鸣唱,柳枝青翠;碧空如洗,白鹭高飞。西岭披雪,嵌入窗扉;舟船待发,跨越万水。阴霾散去,好春明媚。漫卷诗书,我心狂醉。

岑参

岑参（约715—770），荆州江陵（今属湖北）人。官终嘉州刺史，世称岑嘉州。与高适并称"高岑"。有《岑嘉州集》。

逢入京使

故园东望路漫漫，双袖龙钟泪不干[1]。马上相逢无纸笔，凭君传语报平安[2]。

[《全唐诗》（增订本）卷二〇一，中华书局1999年]

注释

[1] 龙钟：此处指眼泪沾湿衣袖的情形。
[2] 凭：凭借，托请。

简析

据陈铁民、侯忠义《岑参集校注》所附年谱，唐玄宗天宝八年（749）冬，岑参入节度使高仙芝幕，掌书记，赴安西（今新疆库车）。此诗作于赴安西途中。

马蹄哒哒，渐行渐远；遥望故乡，泪湿衣衫。邂逅使者，请报平安；闻声知心，闻讯如面。离人脚步，丈量瀚海阑干；牵挂之心，穿越黑水黑山……

碛中作 [1]

走马西来欲到天，辞家见月两回圆。今夜不知何处宿，平沙万里绝人烟。

[《全唐诗》（增订本）卷二〇一，中华书局1999年]

注释

[1] 碛（qì）：沙漠。

简析

据陈铁民、侯忠义《岑参集校注》所附年谱，岑参一生主要有两次出塞经历。唐玄宗天宝八年（749）冬，岑参三十五岁，入高仙芝幕，赴安西（今新疆库车）。天宝十三年（754）夏秋间，岑参四十岁，入封常清幕，赴北庭（今新疆吉木萨尔）。此诗写于岑参赴安西之时。首次出塞，诗人眼界大开，感触颇深，放笔写来，边塞景象如在读者目前。

纵马疾驰，日色如曛；夜幕低垂，举手触云。离家日久，思乡念亲；月圆在天，不应有恨！塞外辽远，万里雄浑。此身漂泊，何处安顿？思念漂泊，何处安顿？

张继

张继(?—779?),字懿孙,襄州(今湖北襄阳)人。官侍御、检校祠部员外郎等。《全唐诗》录其诗一卷。

枫桥夜泊[1]

月落乌啼霜满天,江枫渔火对愁眠。姑苏城外寒山寺[2],夜半钟声到客船。

(《唐诗三百首》卷八,中华书局1984年)

注释

[1] 枫桥:在今江苏苏州。
[2] 姑苏:即今江苏苏州。

简析

这是一首纪行之作。整首诗如同一幅水墨秋夜图,含蓄深沉,语淡味醇。

秋日夜晚,枫桥泊船。月落霜飞,寒气漫天;乌啼声声,渔火点点;客中滋味,思绪万千。古寺寂寂,钟声陡然;悠悠荡荡,旷野回旋;搅动清愁,泼墨渲染。

张志和

张志和(730？—810？),初名龟龄,字子同,号烟波钓徒、玄真子,婺州金华(今属浙江)人。唐肃宗时待诏翰林,授左金吾卫录事参军。《全唐诗》录其诗词九首。

渔父歌[1]

西塞山前白鹭飞[2],桃花流水鳜鱼肥[3]。青箬笠[4],绿蓑衣[5],斜风细雨不须归。

[《全唐诗》(增订本)卷三〇八,中华书局 1999 年]

注释

[1] 渔父:词牌名。一般认为张志和《渔父》五首为其首制。
[2] 西塞山:一般认为在今浙江湖州。
[3] 鳜(guì)鱼:又称"桂鱼",一种淡水鱼。
[4] 箬笠(ruòlì):用箬竹叶编制的遮阳挡雨的斗帽。
[5] 蓑(suō)衣:用蓑草编制的雨披。

简析

《新唐书》卷一九六《隐逸传》记载:张志和曾献策唐肃宗,颇受赏识,待诏翰林,授左金吾卫录事参军,后因事贬官,赦还后不返仕途。他将朝廷所赐男女奴婢配为夫妇,取名渔童、樵青,自号烟波钓徒,隐逸越州会稽(今浙江绍兴)多年,垂钓时不设鱼饵,志不在鱼。《渔父》词原作五首,此为其一,即其隐逸生活写照。张志和《渔父》不仅得到颜真卿等文人广为唱和,唐宪宗还曾写真求访。夏承焘《域外词选》前言谈到，公元 823 年，日本嵯峨（Cuó'é）天皇作《和张志和渔歌子》五首，为日本词学开山之作，引发日本填词之风。

　　春日融融，山清水秀；白鹭纷飞，鳜鱼嬉游。斜风小雨，微澜细流；蓑衣斗笠，逍遥无忧。烟波钓渌水，不知春与秋。一曲渔父歌，羡煞王与侯！

刘长卿

刘长卿(726?—约789),字文房,宣州(今安徽宣城)人。官终随州刺史,世称刘随州。与钱起并称"钱刘"。有《刘随州诗集》。

逢雪宿芙蓉山主人[1]

日暮苍山远,天寒白屋贫。柴门闻犬吠[2],风雪夜归人。

[《全唐诗》(增订本)卷一四七,中华书局1999年]

注释

[1] 芙蓉山:山名,具体不详。
[2] 吠(fèi):狗叫。

简析

据储仲君《刘长卿诗编年笺注》所附评论,刘长卿作诗工于五言,权德舆《秦徵君校书与刘随州唱和诗序》称其自以为"五言长城"。这首五绝写雪夜山中投宿情形,有立体音画效果,看似平淡,却沉稳老成,中气十足。

日暮途远,苍山迷蒙。风雪交加,天寒地冻。嘈杂声起,打碎幽静。柴门犬吠,夜半人声。三分温暖,七分清冷。

韦应物

韦应物(约737—791),京兆万年(今陕西西安)人。官滁州(今属安徽)刺史、江州(今江西九江)刺史、苏州(今属江苏)刺史等,世称韦江州、韦苏州。与陶渊明并称"陶韦"。有《韦苏州集》。

滁州西涧

独怜幽草涧边生[1],上有黄鹂深树鸣。春潮带雨晚来急,野渡无人舟自横。

[《全唐诗》(增订本)卷一九三,中华书局1999年]

注释

[1] 怜:喜爱。

简析

据孙望《韦应物诗集系年校笺》,唐德宗建中四年(783)春,韦应物时任滁州(今属安徽)刺史,春日游赏西涧,作此诗。

芳草萋萋,溪水潺潺;黄鹂啼鸣,时光悠闲。春潮带雨,急湍甚箭;小舟纵横,自在安然。

孟郊

孟郊（751—814），字东野，湖州武康（今浙江德清）人。官溧阳（今江苏溧阳）尉。与韩愈等被称为韩孟诗派。有《孟东野诗集》。

游子吟[1]

慈母手中线，游子身上衣。临行密密缝，意恐迟迟归。谁言寸草心，报得三春晖[2]。

[《全唐诗》（增订本）卷三七二，中华书局1999年]

注释

[1] 吟：乐府名目之一。
[2] 三春：即春天。古人以正月为孟春、二月为仲春、三月为季春，合称三春。晖：阳光。

简析

此诗题下诗人自注："迎母溧上作。"据韩泉欣《孟郊集校注》所附年谱，唐德宗贞元十二年（796），孟郊登进士第。贞元十六年（800），任溧阳（今江苏溧阳）县尉。诗人年已半百方谋得此官，希望借此机会，报答老母。诗歌通过慈母缝衣，以小见大地写出母爱的深厚；以小草自喻，表达母恩无以为报的惶恐。《游子吟》不是孺子稚嫩的表白，而是以半百阅历支撑，动之以真情，出之以肺腑，传之于世间。

忆我年少时，慈母夜缝衣。牵挂复牵挂，针脚细又密。而今已半百，复着当年衣。温暖如春阳，珍惜复珍惜。

韩愈

韩愈（768—824），字退之，河阳（今河南孟州）人，自称郡望昌黎（今河北昌黎）。官吏部侍郎等，谥文。世称韩昌黎、韩吏部、韩文公。"唐宋八大家"之一，与柳宗元并称"韩柳"。与孟郊等被称为韩孟诗派。有《昌黎先生集》。

春 雪

新年都未有芳华[1]，二月初惊见草芽。白雪却嫌春色晚，故穿庭树作飞花[2]。

[《全唐诗》（增订本）卷三四三，中华书局1999年]

注释

[1] 华：花。
[2] 故：故意，有意。

简析

据钱仲联《韩昌黎诗系年集释》，此诗约作于唐宪宗元和十年（815），写早春飞雪，兴味盎然。

小草初醒，倦眼惺忪。花儿贪睡，依旧酣梦。小雪穿树，俊扮飞舞。恼人春日，姗姗来迟。枝头纵有冬日雪，春风相遇便相知！

早春呈水部张十八员外[1]

天街小雨润如酥[2],草色遥看近却无。最是一年春好处,绝胜烟柳满皇都[3]。

[《全唐诗》(增订本)卷三四四,中华书局1999年]

注释

[1] 水部张十八员外:即张籍,排行十八,时任水部员外郎。
[2] 天街:京城长安的街道。酥:酥油。
[3] 绝胜:绝对胜过。

简析

据钱仲联《韩昌黎诗系年集释》,此诗作于唐穆宗长庆三年(823),写京城长安早春景象。原作二首,此为其一。

天街小雨,细腻轻柔;闭目嗅之,清爽入喉。春回大地,小草复苏;俯身观之,似有若无。春如少女,娇柔俏丽;春如孩童,淘气顽皮。

李绅

李绅（772—846），字公垂，无锡（今属江苏）人，祖籍亳州谯县（今安徽亳州）。唐武宗时官至中书侍郎、同中书门下平章事，谥文肃。《全唐诗》录其诗四卷。

悯 农[1]

锄禾日当午，汗滴禾下土。谁知盘中餐，粒粒皆辛苦[2]。

[《全唐诗》（增订本）卷四八三，中华书局1999年]

注释

[1] 悯农：《全唐诗》诗题作《古风》。悯，哀怜。
[2] 皆：都。

简析

李绅《悯农》原作二首，此为其一。作者描写农人劳作艰辛，语言质朴，平实如话。作品所感慨的粒粒粮食来之不易，已成为妇孺皆知的劝诫之语。

烈日炎炎，面朝黄土背朝天；披星戴月，日复一日年复年。四体不勤，五谷不分；倘若奢靡，愧杀良心！

崔护

崔护（？—831），字殷功，蓝田（今属陕西）人。《全唐诗》录其诗六首。

题都城南庄 [1]

去年今日此门中，人面桃花相映红。人面不知何处去，桃花依旧笑春风。

（《太平广记》卷二七四，中华书局 1961 年）

注释

[1] 都城：指长安城。

简析

据唐人孟棨《本事诗》之一《情感》、宋李昉等《太平广记》卷二七四《情感》等记载：崔护清明游都城南，叩门向一女子讨水，一见钟情，两情缱绻。来年清明，崔护又到此处，却不见伊人，怅然作诗，题于门上。后女子见诗，相思而死。崔护抚尸痛哭，女子复活，结为夫妇。元明时期，这个故事搬上戏剧舞台，经久不衰。此诗今昔对比，以花写人。桃花映衬人面，写尽美人之美；桃花风中摇曳，寄托思念之情。

去年独行偏遇春，今年寻春春无踪。但求相思莫相负，世间传奇总为情。

刘禹锡

刘禹锡（772—842），字梦得，洛阳（今属河南）人。参与王叔文永贞革新，被贬八司马之一。晚年为太子宾客，世称刘宾客。与柳宗元并称"刘柳"，与白居易并称"刘白"。有《刘禹锡集》。

竹枝词[1]

杨柳青青江水平，闻郎江上唱歌声。东边日出西边雨，道是无晴却有晴。

[《全唐诗》（增订本）卷三六五，中华书局1999年]

注释

[1] 竹枝词：巴渝（今重庆）一带的民歌。

简析

据卞孝萱、卞敏《刘禹锡评传》所附年表，唐穆宗长庆二年（822），刘禹锡出任夔州（今重庆奉节）刺史，四年（824）夏，转和州（今属安徽）刺史。在夔州期间，学习本地民歌，作《竹枝词》。原作二首，此为其一。巴渝民歌《竹枝词》多歌咏所见风物，表达爱情主题。这首作品也是如此。前两句从杨柳青青、江水平阔起兴，引出爱情主题。后两句用自然之阴晴变幻，以"无晴""有晴"喻"无情""有情"，写出对于爱情的揣测与猜疑，委婉有趣。

一半艳阳，一半风雨，揣摩侬心，谈何容易！

秋　词

自古逢秋悲寂寥，我言秋日胜春朝[1]。晴空一鹤排云上[2]，便引诗情到碧霄。

[《全唐诗》（增订本）卷三六五，中华书局1999年]

注释

[1] 春朝（zhāo）：初春。朝，早晨，此处指刚刚到来。
[2] 排：除去，推开。

简析

刘禹锡一生宦海沉浮，笑看风云。据卞孝萱、卞敏《刘禹锡评传》所附年表，唐顺宗永贞元年（805），刘禹锡因参与王叔文革新失败，贬连州（今属广东）刺史，再贬朗州（今湖南常德）司马。宪宗元和十年（815），诏回长安，又因作诗讥讽权贵再贬连州刺史。直到文宗大和元年（827），才结束外放生涯，回洛阳（今属河南），前后历时二十余年。然而，刘禹锡以"沉舟侧畔千帆过，病树前头万木春"（《酬乐天扬州初逢席上见赠》）的精神走过苦难岁月，令人钦佩。

先秦时期，宋玉《九辩》曰："悲哉，秋之为气也！"悲秋，成为古代文人诗常见主题。刘禹锡《秋词》一反这种做法，化腐朽为神奇，打破咏秋诗悲悲切切、栖栖遑遑的颓伤格局，洋溢着自信、乐观、豪迈，成为作者伟岸人格的写照。原作二首，此为其一。

碧空如洗，云淡天高；白鹤亮翅，直上九霄。往日衰飒，一笔勾销；春夏秋冬，四时逍遥。秋词一首英雄气，识得先生名诗豪！

石头城[1]

山围故国周遭在[2],潮打空城寂寞回。淮水东边旧时月[3],夜深还过女墙来[4]。

[《全唐诗》(增订本)卷三六五,中华书局1999年]

注释

[1] 石头城:即金陵城,三国时孙权所筑,故址在今南京清凉山。
[2] 故国:指金陵城。周遭:四周。
[3] 淮水:即今秦淮河。
[4] 女墙:城墙上的矮墙。

简析

刘禹锡曾作《金陵五题》怀古,此其一也。金陵有六朝古都之美誉,魏晋六朝盛极一时,然而,沧海桑田,物换星移,辉煌过后极度凋零。刘禹锡这首《石头城》正是写金陵城之沧桑变迁。这组诗小序云,白居易叹赏良久,认为"潮打空城寂寞回"问世,这一题材"后之诗人,不复措辞矣"。

山河不改,城郭依旧;物是人非,残照当楼。淮水寂寥,拍岸惊涛;孤鸿缥缈,中夜长啸……

乌衣巷[1]

朱雀桥边野草花[2]，乌衣巷口夕阳斜。旧时王谢堂前燕，飞入寻常百姓家[3]。

[《全唐诗》（增订本）卷三六五，中华书局1999年]

注释

[1] 乌衣巷：古巷名，在今江苏南京夫子庙附近。
[2] 朱雀桥：古浮桥名，在乌衣巷附近。花：开花。
[3] 寻常：平常，普通。

简析

此诗为刘禹锡《金陵五题》第二首，写人世之沧桑变迁。东晋时，乌衣巷是高门士族聚居地，当年这里诞生了王导、谢安等豪族名望。然而，历史翻过这一页，剩下的只是一片荒寂。

乌衣巷，朱雀桥。昔日繁花似锦，纷纷扰扰。如今夕阳斜坠，乱红荒草。王谢风流云散，燕子依旧筑巢，目睹炎凉盛衰，听百姓说笑。

望洞庭[1]

湖光秋月两相和，潭面无风镜未磨。遥望洞庭山水翠[2]，白银盘里一青螺。

[《全唐诗》（增订本）卷三六五，中华书局 1999 年]

注释

[1] 洞庭：湖名，在今湖南。
[2] 山：君山，洞庭湖中的洲岛。

简析

这首山水诗描写洞庭风光，寄托胸怀，别有意趣。

秋月朗照，平静无波，看琼田玉鉴，天水一色。君山静默，化为一枚青螺，吹一支小调，渔樵同歌。谁敢将八百里山水，摆上屏座？相由心生，将洞庭微缩。

白居易

白居易(772—846),字乐天,晚号香山居士、醉吟先生,下邽(今陕西渭南)人。早年官左拾遗、江州(今江西九江)司马等。晚年官太子少傅,谥文,世称白少傅、白文公。与元稹并称"元白",与刘禹锡并称"刘白"。有《白氏长庆集》。

问刘十九[1]

绿蚁新醅酒[2],红泥小火炉。晚来天欲雪,能饮一杯无[3]?

(《唐诗三百首》卷七,中华书局1984年)

注释

[1] 刘十九:白居易友人,姓刘,排行十九。
[2] "绿蚁"句:新酿的酒还没过滤,浮渣好像绿蚁似的。醅(pēi),没过滤的酒。
[3] 无:否,疑问语气词。

简析

据朱金城《白居易年谱》,唐宪宗元和十年(815)六月,白居易上书请求缉拿刺杀宰相武元衡之贼,被以越职言事等罪名贬官,冬初至江州(今江西九江)任司马。元和十二年(817),在江州庐山草堂作此诗。

暮色阴沉风雪狂,炉火红艳新酒香。请君勿负天留客,小酌一杯暖愁肠!

暮江吟

一道残阳铺水中,半江瑟瑟半江红[1]。可怜九月初三夜[2],露似真珠月似弓。

[《全唐诗》(增订本)卷四四二,中华书局1999年]

注释

[1] 瑟瑟:原为绿色珠宝名,此处指碧绿色。
[2] 可怜:可爱。

简析

据朱金城《白居易集笺校》,此诗约作于唐宪宗元和十一年(816)至元和十三年(818)白居易任江州(今江西九江)司马期间。

夕阳洒落,半江碧绿,半江火红。夜幕降临,新月斜挂,露珠闪动。驻足此刻,前尘往事,随水随风。

花非花

花非花,雾非雾。夜半来,天明去。来如春梦几多时?去似朝云无觅处[1]。

[《全唐诗》(增订本)卷四三五,中华书局1999年]

注释

[1] 觅:寻找。

简析

在白居易诗歌创作中,《花非花》与众不同,诉说的大约是一种心境,或是一种情绪,带有一种神秘气息,还有一点感伤意味。这首诗称得上是古代的一首朦胧诗。

是花?是雾?似是而非。无影,无踪,神龙首尾。是昨夜丢失的一段春梦,是今晨飘散的一抹霞霏。蝶舞人生,如痴如醉。

忆江南[1]

江南好,风景旧曾谙[2]。日出江花红胜火,春来江水绿如蓝[3]。能不忆江南?

[《全唐诗》(增订本)卷四五七,中华书局1999年]

注释

[1] 忆江南:词牌名,又名《梦江南》《望江南》等。

[2] 谙(ān):熟悉。

[3] 蓝:植物名,叶可作青色染料。

简析

据朱金城《白居易年谱》,白居易青少年时代曾流寓江南,唐穆宗长庆二年(822)出任杭州刺史,敬宗宝历元年(826)出任苏州刺史,与江南缘分甚深。《忆江南》原作三首,此为其一。

江南与君,早有旧情!春水碧绿,夏花火红。美景入怀,情有独钟。一世难尽,约定三生。前世若非江南人,来生必续江南情!

柳宗元

柳宗元（773—819），字子厚，祖籍河东（今山西永济）。参与王叔文永贞革新，被贬八司马之一。官终柳州刺史，世称柳河东、柳柳州。"唐宋八大家"之一，与韩愈并称"韩柳"。有《柳宗元集》。

江 雪

千山鸟飞绝[1]，万径人踪灭[2]。孤舟蓑笠翁[3]，独钓寒江雪。

[《全唐诗》（增订本）卷三五二，中华书局1999年]

注释

[1] 绝：尽。

[2] 径：小路。

[3] 笠（lì）：用竹叶编制的遮阳挡雨的斗帽。

简析

据施子愉《柳宗元年谱》，唐顺宗永贞元年（805），柳宗元参与王叔文革新失败，九月，贬为邵州（今属山西）刺史，十一月，途中未到任，再贬永州（今属湖南）司马。本诗作于贬官后，描写旷远雪景，字里行间道出作者孤独清高的情怀，用笔俭省，境界阔大。

鸟影尽绝，人踪皆灭；一叶渔舟，独伴江雪。

元稹

元稹(779—831),字微之,洛阳(今属河南)人。唐穆宗时官至宰相,以工部侍郎同平章事。与白居易并称"元白"。有《元氏长庆集》。

离 思

曾经沧海难为水[1],除却巫山不是云[2]。取次花丛懒回顾[3],半缘修道半缘君[4]。

[《全唐诗》(增订本)卷四二二,中华书局1999年]

注释

[1] "曾经"句:化用《孟子·尽心上》"观于海者难为水",意思是对于看过大海的人,就很难被别的水所吸引。
[2] 除却:除去。巫山:在湖北、重庆两省市交界处。宋玉《高唐赋序》云巫山神女"旦为朝云,暮为行雨"。
[3] 取次:随便,任意。花丛:喻指成群美女。回顾:回头看。
[4] 缘:因为。

简析

据周相录《元稹集校注》所附年谱,唐德宗贞元十五年(799),元稹在普救寺与莺莺相遇,相恋无果。贞元十九年(803),与韦夏卿之女韦丛结为夫妇。贞元二十年(804),在长安撰写自传小说《传奇》(即《莺莺传》)。宪宗元和四年(809),韦丛卒于洛阳。此番经历,成为元稹刻骨铭心的记忆。《离思》原作五首,此为其四。

本诗一说是诗人怀念亡妻韦丛之作，一说怀念昔日情人莺莺，表达了真挚爱意与深切怀念。

　　水之盛大，莫如沧海；云之瑰丽，莫若巫山；百花竞艳，无意顾盼；修道思君，我心寂然。

朱庆馀

　　朱庆馀，生卒年不详，名可久，以字行，越州（今浙江绍兴）人。唐敬宗时官秘书省校书郎。《全唐诗》录其诗二卷。

近试上张籍水部[1]

　　洞房昨夜停红烛[2]，待晓堂前拜舅姑[3]。妆罢低声问夫婿，画眉深浅入时无[4]？

[《全唐诗》（增订本）卷五一五，中华书局1999年]

注释

[1] 近试上张籍水部：诗题又作《闺意献张水部》。近试，临近考试。张籍，字文昌，吴郡（今江苏苏州）人，时任水部员外郎。
[2] 洞房：新婚夫妇的房间。停：暂时放置。
[3] 晓：天刚亮的时候。舅姑：这里指公婆。
[4] 入时：时兴，合乎时尚。

简析

　　据《唐才子传》卷六、《唐诗纪事》卷四六，唐敬宗宝历二年（826），朱庆馀入京考取进士，将此诗上呈考官水部员外郎张籍，借以试探自己科考的前景。诗人把自己比作新娘，把主考官比作公婆，以新妇见公婆的情境入诗，可谓构思新颖，表达精巧。张籍对朱庆馀颇为赏识，广为赞扬，时人以张籍享有盛名，争相传诵其诗，朱庆馀诗名因此流传开来，文坛传为佳话。

　　昨夜入洞房，摇曳红烛光；今晨登堂去，拜见爹和娘。过门成新妇，精心扮容妆；问君入时否？内心犹彷徨。

杜牧

杜牧（803—853），字牧之，京兆万年（今陕西西安）人。官终中书舍人。与李商隐并称"小李杜"。有《樊川文集》。

赤 壁[1]

折戟沉沙铁未销[2]，自将磨洗认前朝。东风不与周郎便[3]，铜雀春深锁二乔[4]。

[《全唐诗》（增订本）卷五二三，中华书局1999年]

注释

[1] 赤壁：地名，三国著名古战场，在今湖北。
[2] 戟（jǐ）：一种古代兵器，能直刺，又能横击。铁未销：指铁戟还没有完全锈蚀。
[3] 周郎：周瑜，三国时期吴国著名军事将领。
[4] 铜雀：铜雀台，故址在邺城（今河北临漳），曹操所建行乐之处。二乔：吴国二美女。《三国志》卷五四《吴书·周瑜传》云，吴国桥（乔）公有二女，国色天香，孙策娶大桥（乔），周瑜娶小桥（乔）。

简析

赤壁之战是历史上三国鼎立局面形成的决定性战役，也是古代咏史诗常见的题材。据《三国志》卷五四《吴书·周瑜传》记载，汉献帝建安十三年（208）十月，孙权、刘备联军与曹操军队战于赤壁，周瑜用黄盖之计，火烧曹军战船，"时风盛猛"，"顷之，烟炎张天，（曹军）人马烧溺死者甚众，军遂败退。"杜牧此诗通过前朝铁戟，以小见大，触发对历史的思考，并对历史进行了巧妙的假设。如果周瑜当年没有东风相助，孙刘联军失败，二乔就会被曹操掳掠而去，成为笑柄。此诗立意新颖，既增加了诗歌的兴味，又引发了人们对历史的慨叹。

　　折戟沉沙，江山易主；东风再起，周郎何处？铜雀春深，不见魏武；世事沧桑，兴亡有数。

泊秦淮 [1]

烟笼寒水月笼沙[2],夜泊秦淮近酒家。商女不知亡国恨[3],隔江犹唱后庭花[4]。

[《全唐诗》(增订本)卷五二三,中华书局1999年]

注释

[1] 泊:停船靠岸。秦淮:秦淮河,长江下游支流,流经金陵(今江苏南京)。六朝至唐,金陵秦淮河一带多宴游场所。
[2] 笼:笼罩。
[3] 商女:歌女。
[4] 后庭花:即《玉树后庭花》,南朝乐府曲名。据《隋书》卷一三《音乐志》及卷二二《五行志》,陈后主喜声色,所作歌词有"玉树后庭花,花开不复久",人以为不祥,后陈代亡国,此曲被视为"亡国之音"。

简析

晚唐国运日衰,杜牧才华满腹却无以施展,不免孤寂落寞。夜泊秦淮河,见灯红酒绿,偏又闻得歌女吟唱亡国之音,更平添几多家国之忧,遂写下这首七绝表达兴亡之感。

寒水轻烟,冷月孤船;夜泊秦淮,忽闻管弦;后庭一曲,商女犹欢;隔江停杯,无限怅然。

江南春

千里莺啼绿映红，水村山郭酒旗风[1]。南朝四百八十寺[2]，多少楼台烟雨中。

[《全唐诗》（增订本）卷五二二，中华书局1999年]

注释

[1] 水村：邻水的村落。山郭：山城，山村。
[2] 南朝：东晋以后建都于建康（今江苏南京）的宋、齐、梁、陈四朝。四百八十寺：南朝时期，皇帝及世家大族多崇佛，修建了众多佛寺。

简析

这是自然的美景，亦为风俗的写照。一幅江南春景图，尺幅千里，流光溢彩，达到了诗画合一的境界；而将这幅江南图卷嵌入南朝这个历史节点，又引发多少兴亡慨叹！

千里江南，红绿相映。莺歌燕舞，春和景明。南朝故地，群寺巍峨。烟雨苍茫，楼台几何？

秋 夕

银烛秋光冷画屏,轻罗小扇扑流萤[1]。天阶夜色凉如水[2],卧看牵牛织女星[3]。

(《唐诗三百首》卷八,中华书局 1984 年)

注释

[1] 轻罗:一种较薄的丝织品。流萤:飞动的萤火虫。
[2] 阶:台阶。
[3] 卧看:一作"坐看"。牵牛织女星:民间传说牛郎与织女在人间结为夫妇,因得罪天庭,被分隔于银河两岸,成为牵牛星与织女星,可望而不可即。每年农历七月初七,即七夕,牛郎织女得以鹊桥相会。

简析

《秋夕》是一首宫词,描写宫女的生活与内心的孤寂。"小扇"出现在"秋夕",是宫女失宠的暗示。此诗如一幅画,全部为冷色调,银烛并不温暖,扑萤源于寂寞,遥望天河双星,内心充满怅惘。诗中未用"愁"字,而愁绪不绝如缕——所谓"愁为心上秋"!

银烛摇曳,流萤翩然。秋夜独坐,星光微寒。

山 行

远上寒山石径斜，白云生处有人家[1]。停车坐爱枫林晚[2]，霜叶红于二月花[3]。

[《全唐诗》(增订本)卷五二四，中华书局1999年]

注释

[1] 生处：一作"深处"。

[2] 坐：因，由于。

[3] 霜叶：落霜后的枫叶，颜色变红。红于：比……更红。

简析

这是一首写景之作。秋天给人的萧瑟之感，在这里都被这绝美的景致冲淡，取而代之的是一种开朗明净的心怀。

寒山高远，石径窄狭；白云生处，烟火人家。尤爱枫林，如火似霞；绚烂夺目，胜于春花。

清 明 [1]

清明时节雨纷纷，路上行人欲断魂[2]。借问酒家何处有，牧童遥指杏花村[3]。

(《全唐诗简编》，上海古籍出版社1993年)

注释

[1] 清明：关于此诗作者，尚有争议，暂列杜牧名下。参见《全唐诗简编》编者按。
[2] 断魂：非常惆怅、哀伤，好像失去魂魄的样子。
[3] 遥指：指向远方。杏花村：村名，具体地点不详。

简析

清明，二十四节气之一，一般在阳历四月五日左右，有祭祀、郊游之习俗。在中国人的心里，清明是一个非常特殊的日子：对应着美好的春天，也勾连着无边的伤感和想念。这首诗影响极大，成为清明绝唱。

清明时节，细雨绵绵；路上行人，魂魄欲断；欲消愁绪，酒家未见；牧童遥指，杏花开遍。

李商隐

李商隐（813—858），字义山，号玉溪生，祖籍怀州河内（今河南沁阳），后迁郑州荥阳（今属河南）。官秘书省校书郎等，入幕桂管（今桂林一带）、梓州（今四川三台）等。与杜牧并称"小李杜"，与温庭筠并称"温李"。《全唐诗》录其诗三卷。

夜雨寄北

君问归期未有期，巴山夜雨涨秋池[1]。何当共剪西窗烛[2]，却话巴山夜雨时[3]。

[《全唐诗》（增订本）卷五三九，中华书局1999年]

注释

[1] 巴山：即大巴山，位于陕西和四川交界处。此处代指巴蜀之地。
[2] 何当：何时，何日。剪烛：剪去烧焦的灯芯，使烛光更明亮。
[3] 却：再。

简析

据刘学锴、余恕诚《李商隐诗歌集解》，本诗作于李商隐晚年入梓州（今四川三台）节度使柳仲郢幕期间。巴蜀雨夜，诗人思归长安，酬寄京华友人，遂作此诗。诗歌从友人询问归期写起，转到窗外夜雨的描写，进而遥想他日相聚，再次返回今日之情境，从过去到现在，再到将来，最后又回到现在，以"巴山夜雨"为支点，如蒙太奇般连缀回旋，别有一番韵致。

归期遥望，天各一方；巴山秋夜，风雨苍茫；何日相偕，剪烛西窗？烛光摇曳，往事悠长！

乐游原 [1]

向晚意不适[2]，驱车登古原[3]。夕阳无限好，只是近黄昏。

[《全唐诗》（增订本）卷五三九，中华书局 1999 年]

注释

[1] 乐游原：在长安（今陕西西安）城南。
[2] 向晚：傍晚。意不适：心情不悦。
[3] 古原：指乐游原。

简析

据《长安志》卷八所记，乐游原因西汉宣帝建乐游苑于此而得名。"其地居京城之最高，四望宽敞，京城之内，俯视指掌。"乐游原是唐代长安士女经常游赏之地。李商隐这首诗写出了夕阳下登临乐游原的美好与惆怅，也道出了时光易逝、人生短暂的伤感。

暮色渐沉，悠悠我心；驱驰车马，古原登临；夕阳西下，光辉可人；如此美好，却已黄昏。

温庭筠

温庭筠（801—866），字飞卿，太原祁县（今属山西）人。官国子助教，世称温助教。花间词派鼻祖，与李商隐并称"温李"。《全唐诗》录其诗九卷。

梦江南[1]

梳洗罢，独倚望江楼。过尽千帆皆不是，斜晖脉脉水悠悠[2]，肠断白蘋洲[3]。

（《花间集》卷二，上海古籍出版社2005年）

注释

[1] 梦江南：词牌名，又名《忆江南》《望江南》等。
[2] 斜晖：日落时西斜的阳光。脉脉（mòmò）：含情凝视的样子。
[3] 白蘋（pín）洲：长满蘋草的小洲。

简析

温庭筠《梦江南》原作二首，此为其一。这首词写佳人小楼伫立，望穿秋水，把相思写到极致，寥寥数语，婉转低回。

佳人梳妆，高楼独望；千帆过尽，不见情郎；悠悠流水，脉脉斜阳；白蘋洲头，为君断肠。

韦庄

韦庄（约836—910），字端己，长安杜陵（今陕西西安东南）人。晚唐官左补阙等，后仕西蜀，拜相。与温庭筠并称"温韦"。有《浣花集》。

菩萨蛮[1]

人人尽说江南好，游人只合江南老[2]。春水碧于天，画船听雨眠。

垆边人似月[3]，皓腕凝霜雪[4]。未老莫还乡，还乡须断肠。

（《温庭筠词集·韦庄词集》，上海古籍出版社2010年）

注释

[1] 菩萨蛮：词牌名。

[2] 合：应该。老：终老。

[3] 垆（lú）边：指酒家。垆，酒店里安放酒瓮的土台。

[4] 皓（hào）腕：白皙的手腕。

简析

据《唐才子传》卷一〇记载，韦庄早年饱尝战乱，携家流寓江南，"江西湖南，所在曾游，举目有山河之异，故于流离漂泛，寓目缘情……一咏一觞之作，俱能感动人也"。这首词是一首江南的恋歌，寄寓着对美好祥和生活的渴望。江南，景致人文，如画如诗，总让人梦绕魂牵。

恋恋江南，游人忘还；天水共碧，画船小眠；美人如月，皓腕如雪；未老还乡，只恐断肠！

李煜

李煜（937—978），字重光，徐州（今属江苏）人。南唐末代国君，世称李后主。后人将其与其父李璟的作品合刻为《南唐二主词》。

乌夜啼[1]

林花谢了春红，太匆匆。无奈朝来寒雨晚来风。

胭脂泪[2]，留人醉，几时重[3]？自是人生长恨水长东。

（《李煜词集》，上海古籍出版社2016年）

注释

[1] 乌夜啼：词牌名，又名《相见欢》。
[2] 胭脂泪：此处指林花带雨。
[3] 重（chóng）：重逢。

简析

据《旧五代史》卷一三四、《新五代史》卷六二、《宋史》卷四七八、《十国春秋》卷一七记载，李煜为南唐中主李璟之子，宋太祖建隆二年（961）七月即位金陵（今江苏南京），在位十五年。宋太祖开宝八年（975）十一月，李煜国亡于宋，肉袒出降。宋太祖名为封官，实将其软禁。宋太宗太平兴国三年（978）七月，李煜卒，时年42岁。宋人王铚《默记》卷上云，李煜七夕命歌妓作乐，声闻于外，宋太宗闻之大怒。又传其《虞美人》"小楼昨夜又东风"及"一江春水向东流"之句，遂赐牵机药毒杀李煜。李煜精通乐舞，长于书画，工于诗词，特别是后期词作抒写亡国之痛，血泪成歌。水流花谢两无情，每个人在心底都有几分这样的无奈，词人用白描手法，把这种感受写到极致，总能引起读者强烈共鸣。

　　林花春红，奈何匆匆；朝来冷雨，暮起寒风。胭脂凝泪，斯人独醉；香魂渐远，几时重逢？人生长恨，流水长东。

乌夜啼

无言独上西楼,月如钩。寂寞梧桐深院锁清秋[1]。

剪不断,理还乱,是离愁。别是一般滋味在心头[2]。

(《李煜词集》,上海古籍出版社 2016 年)

注释

[1] 深院锁清秋:清秋锁于深院之中,暗喻自身被囚禁。
[2] 别:另外。

简析

  一般认为这首词也是李煜后期所作。寥寥数言,把凄清的季节、孤寂的心绪、无边的惆怅描述出来,并可直达读者内心,成为千古之绝唱。
  独上西楼,新月如钩;寂寞梧桐,深院清秋;欲剪不断,欲理还乱;却为何事?难诉离愁。这般滋味,萦绕心头!

晏殊

晏殊（991—1055），字同叔，抚州临川（今属江西抚州）人。官至同中书门下平章事兼枢密使。谥元献。有《珠玉词》。

浣溪沙[1]

一曲新词酒一杯，去年天气旧亭台。夕阳西下几时回？

无可奈何花落去，似曾相识燕归来。小园香径独徘徊[2]。

（《全宋词》第一册，中华书局1999年）

注释

[1] 浣（huàn）溪沙：词牌名。
[2] 香径：指落花的小路。

简析

晏殊官至宰相，是富贵词人，然而作品不染鄙俗，不饰脂粉。这首《浣溪沙》用"新词""旧亭台""夕阳""落花""归燕"等熟识意象，今昔对比，在波澜不惊的笔调中，表达了流连光景的细腻感受，情中有思。

暮春时节小园浅斟低唱，亭台依旧忆起往昔时光。再见夕阳是否今日模样？残花凋零此心空余惆怅，堂前旧燕如今又还故乡。落英缤纷幽径独自彷徨！

欧阳修

欧阳修（1007—1072），字永叔，号醉翁，晚号六一居士，庐陵（今江西吉安）人。官至翰林学士、枢密副使、参知政事等。谥文忠。"唐宋八大家"之一。有《欧阳文忠公集》。

生查子·元夕 [1]

去年元夜时，花市灯如昼[2]。月上柳梢头，人约黄昏后。

今年元夜时，月与灯依旧。不见去年人，泪湿春衫袖。

（《白香词谱》，上海古籍出版社2011年）

注释

[1] 生查（zhā）子：词牌名。此篇作者有争议，另作朱淑真、秦观等。宋人曾慥《乐府雅词》认为是欧阳修所作。元夕：元夜。即农历正月十五，元宵节。
[2] 花市：悬挂花灯的街市。

简析

这首词对比描写去年和今年两个元宵佳节的所见所感，眼前灯月犹在而佳人去远，这般繁华反衬出内心的伤感。

花灯如昼，去年元夜；月上柳梢，佳人有约；今年元夜，灯月如昨；不见伊人，眼泪滂沱。

王安石

王安石(1021—1086),字介甫,号半山,抚州临川(今属江西抚州)人。官至宰相,主持"熙宁变法"。封荆国公,谥文。世称临川先生、王荆公、王文公。"唐宋八大家"之一。有《临川集》等。

登飞来峰[1]

飞来山上千寻塔[2],闻说鸡鸣见日升。不畏浮云遮望眼,自缘身在最高层。

(《王安石诗文选评》,上海古籍出版社2002年)

注释

[1] 飞来峰:飞来山之峰,在今浙江绍兴。
[2] 寻:古代长度单位,八尺为一寻。

简析

据高克勤《王安石诗文选评》,此诗为王安石早年途经越州(今浙江绍兴)所作。这首诗表现了作者远大的志向与高昂的热情。作者登上飞来峰顶,顿觉视野开阔,胸怀畅快,无所畏惧。人所处的境界越高,障碍就越少,心胸就更开阔,与唐人"欲穷千里目,更上一层楼"有异曲同工之妙。

险峰攀越,高塔登临;鸡鸣日出,气象一新。长空大地,壮志雄心。人在此处,何惧浮云?

元 日 [1]

爆竹声中一岁除[2]，春风送暖入屠苏[3]。千门万户曈曈日[4]，总把新桃换旧符[5]。

（《王荆文公诗笺注》卷四一，上海古籍出版社 2010 年）

注释

[1] 元日：农历正月初一，即春节。
[2] 爆竹：古人点燃竹子发出爆裂声，用以驱邪，后竹筒中放入火药，喜庆场合燃放。一岁除：新旧岁交替，旧的一年过去。
[3] 屠苏：指屠苏酒。一种用屠苏草浸泡的酒，古时正月初一有饮屠苏酒辟邪恶除瘟疫之习俗。
[4] 曈（tóng）曈：日出时光亮而温暖的样子。
[5] 桃符：古时将两块桃木板张挂于大门上，画门神或写门神名字，用于辟邪，后演变为新年贴春联。

简析

据高克勤《王安石诗文选评》，此诗约为王安石在熙宁变法初期所作。春节是中国人最重要的节日，也成为别具特色的文化遗产。这首小诗写春节燃放爆竹、饮屠苏酒、更换桃符等重要习俗，洋溢着欢度佳节的愉悦之情，也透露出作者推行变法、除旧布新的美好愿望。

爆竹声声，春风和煦；美酒飘香，岁月更替。红日曈曈，瑞气盈门；千家万户，辞旧迎新。

泊船瓜洲[1]

京口瓜洲一水间[2],钟山只隔数重山[3]。春风又绿江南岸,明月何时照我还?

(《王安石诗文选评》,上海古籍出版社2002年)

注释

[1] 瓜洲:今属江苏扬州,在长江北岸。
[2] 京口:今江苏镇江,在长江南岸,与瓜洲隔江而望。间(jiàn):间隔,隔开。
[3] 钟山:又名蒋山、紫金山,在今江苏南京东。

简析

王安石是北宋著名政治家。据《宋史》卷三二七《王安石列传》记载,宋神宗熙宁二年(1069)二月,主持变法。熙宁七年(1074),变法受挫,王安石罢相,出知江宁府(今江苏南京),居钟山。熙宁八年(1075)二月,神宗诏王安石复相,继续主持变法。熙宁九年(1076)九月,王安石再次请求罢相,退居江宁。关于此诗系年,一说作于熙宁元年(1068)王安石赴京之时,一说作于熙宁八年(1075)王安石第二次被起用赴京之际。政局变幻,宦海浮沉,浓缩在赴任行程一串地名之中。山水风月,故乡他乡,就这样唤起人们无边的牵念、期盼与怅惘!

京口瓜洲,隔水相望;数重山外,钟山苍茫。春风又起,江南草长;何时明月,照我还乡?

苏轼

苏轼（1037—1101），字子瞻，号东坡居士，眉州眉山（今属四川）人。官至翰林学士知制诰。谥文忠。"唐宋八大家"之一，与欧阳修并称"欧苏"，与黄庭坚并称"苏黄"，与辛弃疾并称"苏辛"。有《苏东坡集》《东坡乐府》等。

饮湖上初晴后雨

水光潋滟晴方好[1]，山色空濛雨亦奇[2]。欲把西湖比西子[3]，淡妆浓抹总相宜[4]。

（《苏轼诗集合注》卷九，上海古籍出版社2001年）

注释

[1] 潋滟（liànyàn）：水波荡漾、波光闪动的样子。
[2] 空濛：细雨迷蒙的样子。
[3] 西子：指春秋时越国美女西施。
[4] 相宜：合适，恰当。

简析

据《苏轼诗集合注》作品系年，此诗作于宋神宗熙宁六年（1073），苏轼时为杭州通判。原作二首，此为其二。这是历代西湖题咏名篇。无论晴朗日还是阴雨天，西湖都有一种动人心魄的美丽，把西湖喻为浓妆淡抹总相宜的西子，真是神来之笔！

晴空朗朗，波光莹莹。阴雨绵绵，山色蒙蒙。美若西子，丽质天生。浓妆淡抹，倾国倾城。

题西林壁[1]

横看成岭侧成峰，远近高低各不同。不识庐山真面目[2]，只缘身在此山中。

（《苏轼诗集合注》卷二三，上海古籍出版社2001年）

注释

[1] 西林：西林寺，在今江西庐山。
[2] 真面目：真实的样子。

简析

据《苏轼诗集合注》作品系年，此诗作于宋神宗元丰七年（1084），苏轼途经庐山，作此诗。据《东坡志林》卷一《记游庐山》，苏轼初入庐山，见山谷奇秀，应接不暇，平生所未见，决意不作诗。不料很快食言，不由自主，作诗多首。往来山南北十余日，后与僧人常总同游西林，得此诗，并云："仆（我，古时男子自我谦称）庐山诗尽于此矣。"此诗写景不多，重在理趣，貌似浅白，却深蕴哲理：生活中我们有时不能看清事物之真相，恰恰因为我们身在其中。

横看成岭，飞鸿望断；纵观为峰，直入霄汉。人在庐山，不识真面；置身其外，风轻云淡。

黄庭坚

黄庭坚（1045—1105），字鲁直，号山谷道人，晚号涪翁，洪州分宁（今江西修水）人。官秘书省校书郎、起居舍人等。与苏轼并称"苏黄"，江西诗派"一祖三宗"之一。有《山谷集》《山谷词》。

雨中登岳阳楼望君山[1]

投荒万死鬓毛斑[2]，生出瞿塘滟滪关[3]。未到江南先一笑，岳阳楼上对君山。

（《黄庭坚诗集注》第二册卷一六，中华书局2003年）

注释

[1] 岳阳楼：在今湖南岳阳西城门上，临洞庭湖。君山：洞庭湖中的洲岛。

[2] 投荒：指被贬流放荒凉之地。鬓毛斑：鬓发花白。

[3] 瞿塘（Qútáng）：瞿塘峡，长江三峡之一，在今重庆奉节。滟滪（Yànyù）关：瞿塘峡口的险关。

简析

据《宋史》卷四四四本传及《黄庭坚诗集注》所附系年，宋哲宗绍圣二年（1095），黄庭坚被贬涪州（治所在今四川涪陵）别驾，黔州（治所在今四川彭水）安置。元符元年（1098）转迁戎州（治所在今四川宜宾），直到元符三年（1100）五月遇赦复官。宋徽宗崇宁元年（1102）回乡，途经岳阳，登楼赋诗。原作二首，此为其一。这首诗写出了诗人坎坷的人生历程与复杂的人生况味。

  辗转万死，华发早生；山峻水险，来得洞庭；岳阳楼上，凭栏临风。

李之仪

李之仪(约1035—1117),字端叔,号姑溪居士,沧州无棣(今属山东)人。官枢密院编修官等。有《姑溪居士文集》。

卜算子[1]

我住长江头,君住长江尾。日日思君不见君,共饮长江水。

此水几时休[2],此恨何时已。只愿君心似我心,定不负相思意。

(《全宋词》第一册,中华书局1999年)

注释

[1] 卜(bǔ)算子:词牌名。
[2] 休:停止。

简析

这首词可看作爱的独白,语言浅近,情感真挚,朗朗上口,丝丝入心。

君住江尾,我住江头;日日思君,望穿明眸;思君不见,江水悠悠。流水无尽,离恨不休;真心不移,真情难收;君心似我,此生何求?

李清照

李清照（1084—约1155），女，号易安居士，济南章丘（今属山东）人。有《漱玉词》。

如梦令[1]

昨夜雨疏风骤[2]，浓睡不消残酒。试问卷帘人[3]，却道海棠依旧。知否，知否？应是绿肥红瘦[4]。

（《全宋词》第二册，中华书局1999年）

注释

[1] 如梦令：词牌名。
[2] 雨疏：雨点稀疏。风骤：风力猛劲。
[3] 卷帘人：正在卷帘的侍女。
[4] 绿肥红瘦：叶片浓密，花瓣凋零。

简析

这首词从女性视角表达惜花之意。浅近的语词，真切的感受，自然的韵致，实为天成之作。

繁花一树，雨打风吹；韶华易逝，因愁举杯；春梦方醒，犹有残醉；卷帘人言，不减芳菲；梦里犹念，红瘦绿肥。

如梦令

常记溪亭日暮,沉醉不知归路。兴尽晚回舟,误入藕花深处[1]。争渡[2],争渡,惊起一滩鸥鹭[3]。

(《全宋词》第二册,中华书局1999年)

注释

[1] 藕花:荷花。
[2] 争渡:奋力划船。
[3] 鸥(ōu)鹭(lù):两种水鸟名。

简析

这首词为回忆旧日郊游之作,篇幅虽短,却工整自然,画面感极强,读来情趣盎然。

溪亭向晚,流连忘还;小舟行处,碧波红莲;桨声人影,鸥飞鹭喧;忆起往事,悦我心颜。

乌 江[1]

生当作人杰,死亦为鬼雄[2]。至今思项羽[3],不肯过江东。

(《李清照集笺注》卷二,上海古籍出版社 2018 年)

注释

[1] 乌江:诗题又作《夏日绝句》。乌江,古渡口名,在今安徽和县东北,位于长江西岸。
[2] 亦:也。
[3] 项羽:即项籍(前232—前202),名籍,字羽,下相(今江苏宿迁)人。《史记》卷七有传。

简析

《史记·项羽本纪》载:项羽举兵反秦,入帝都咸阳(今属陕西),自立西楚霸王。公元前202年,败于刘邦,放弃东渡乌江,自刎而死。本诗虽小,却英气勃勃,令人敬佩。

生而做人,当做精英;死而为鬼,亦为豪雄。今思项羽,吾心犹倾;霸业未就,羞过江东。

陆游

陆游（1125—1210），字务观，号放翁，越州山阴（今浙江绍兴）人。官镇江（今属江苏）、隆兴（今江西南昌）、夔州（今重庆奉节）通判等，官至宝章阁待制。与尤袤、杨万里、范成大并称"中兴四大诗人"。有《剑南诗稿》《渭南文集》等。

十一月四日风雨大作

僵卧孤村不自哀[1]，尚思为国戍轮台[2]。夜阑卧听风吹雨[3]，铁马冰河入梦来。

（《陆游集》第二册，中华书局1976年）

注释

[1] 僵卧：身体僵硬，卧床不起。
[2] 戍（shù）：守卫。轮台：地名，在今新疆。因汉唐皆驻军于此，常代指边塞之地。
[3] 夜阑（lán）：夜深之时。

简析

据《宋史》卷三九五本传及于北山《陆游年谱》，陆游是南宋时期著名爱国诗人，力主用兵抗金、收复河山，也曾奔赴前线，投身军旅。宋孝宗淳熙十六年（1189），被弹劾，罢官返乡。此诗作于宋光宗绍熙三年（1192），陆游赋闲在乡，感觉日渐衰老，然而老骥伏枥，志在千里，稍有感触，皆成诗章。诗言志，亦缘情。这首诗言报国之志，传爱国之情，感人至深，催人泪下。

风烛残年，不自顾怜；心念所系，为国戍边。风雨交加，孤村夜阑；铁马冰河，梦绕魂牵。如此情怀，读罢潸然。

示 儿[1]

死去元知万事空[2]，但悲不见九州同[3]。王师北定中原日[4]，家祭无忘告乃翁[5]。

（《陆游集》第四册，中华书局1976年）

注释

[1] 示：使……知晓。
[2] 元知：本来知道。
[3] 但：只。九州同：国家统一。九州，代指中国。
[4] 王师：王朝军队。中原：指南宋时期淮河以北被金占领的地区。
[5] 无忘：不要忘记。乃翁：你的父亲，陆游自指。

简析

这是陆游诗集《剑南诗稿》最后一篇作品。据于北山《陆游年谱》，宋宁宗嘉定二年（1210）十二月二十九日除夕，陆游去世，时年86岁。临终之际，赋诗示儿，是诗人绝笔之作。诗人至死不忘忧国忧民，是极为感人的诗章。

此生将休，壮志未酬；念兹在兹，未同九州；愿我王师，重圆金瓯；家祭告我，九泉解忧。

杨万里

杨万里（1127—1206），字廷秀，号诚斋，吉州吉水（今属江西吉安）人。官终江东转运副使。谥文节。与尤袤、范成大、陆游并称"中兴四大诗人"。有《诚斋集》。

闲居初夏午睡起

梅子留酸软齿牙[1]，芭蕉分绿与窗纱[2]。日长睡起无情思[3]，闲看儿童捉柳花[4]。

（《杨万里诗文选注》，上海古籍出版社1988年）

注释

[1] 梅子：梅树的果实，味酸。软齿牙：牙齿遇酸而感觉过敏，俗称"倒牙"。
[2] "芭蕉"句：芭蕉的绿色映衬着窗纱。
[3] 思：情绪，心情。
[4] 柳花：柳絮。

简析

据于北山《杨万里年谱》，此诗作于宋孝宗乾道二年（1166）夏，作者居吉水故里。原作二首，此为其一。杨万里的小诗取材自然，活泼有趣，自成一体。严羽《沧浪诗话·诗体》称之为"诚斋体"。这首诗即"诚斋体"的范例，好一幅惬意的生活图景。

梅子留酸，芭蕉呈绿；柳花飘飞，儿童嬉戏。静好时光，恬淡心绪；一缕清风，几分闲趣。

小 池

泉眼无声惜细流[1]，树阴照水爱晴柔[2]。小荷才露尖尖角，早有蜻蜓立上头。

(《杨万里诗文选注》，上海古籍出版社 1988 年)

注释

[1] 泉眼：泉水涌出口。惜：爱惜，怜惜。
[2] 照水：映照水中。晴柔：晴光柔和。

简析

据于北山《杨万里年谱》，宋孝宗淳熙元年（1174）元月，杨万里拜知漳州（今属福建）。淳熙三年（1176）春夏之际，作此诗。这首小诗撷取小池一景，从容写来，恬淡自然，宛如一幅精致的工笔画。

泉清水澈，细流涓涓；天朗风柔，树影翩翩；小荷初长，其角尖尖。蜻蜓遥知，飞来相伴。万类自由，天籁一片。

晓出净慈送林子方[1]

毕竟西湖六月中[2],风光不与四时同。接天莲叶无穷碧,映日荷花别样红。

(《杨万里诗文选注》,上海古籍出版社 1988 年)

注释

[1] 净慈:寺名,在今杭州西湖。林子方:名枅(jī),字子方,作者友人。
[2] 毕竟:终究,到底。用于句首引出结论,予以强调。

简析

据于北山《杨万里年谱》,宋孝宗淳熙十四年(1187)六月,友人林枅以勤政授任福建转运判官,杨万里对其颇为称赏,赞"外温中厉,遇事敢为",写诗相送。原作二首,此为其二。此诗抓住西湖六月特色写来,议论与写景相结合,赞美风景,也暗寓对友人的赞许。篇幅虽短,却有特色。

最爱六月中,风光四时殊。荷花映日红,莲叶接天舞。送别无所赠,唯有西子湖。

朱熹

朱熹（1130—1200），字元晦，一字仲晦，号晦庵，又号晦翁，徽州婺源（今属江西）人。官焕章阁待制、侍讲等。谥文。宋代理学之集大成者。有《晦庵先生文集》。

春 日

胜日寻芳泗水滨[1]，无边光景一时新。等闲识得东风面[2]，万紫千红总是春。

（《朱子全书》第20册卷二，上海古籍出版社、安徽教育出版社2010年）

注释

[1] 胜日：风和日丽的好日子。泗（sì）水：河名，在山东。春秋时孔子在泗水之滨讲学，因此常代指孔学。
[2] 等闲：轻易，容易。

简析

这篇作品看似描写泗水寻春，其实并非一般意义上的游春写景，而是以泗水代指孔学，说理明理，表达对孔学之道的探寻和豁然开朗的悟彻。这首小诗将说理隐匿于写景之中，富含文趣与理趣。

泗水之滨，万象更新；东风融融，姹紫嫣红。

观书有感

半亩方塘一鉴开[1]，天光云影共徘徊[2]。问渠那得清如许[3]？为有源头活水来[4]。

（《朱子全书》第20册卷二，上海古籍出版社、安徽教育出版社2010年）

注释

[1] 鉴：镜子。

[2] 徘徊（páihuái）：此处指光影闪动。

[3] 渠：代词，它。那得：哪得，怎能。如许：如此，这样。

[4] 为：因为。

简析

《观书有感》原作二首，此为其一。本诗将读书治学之道借写景道出，兴象玲珑。推而广之，人生常新、常青，也需要为生命注入"源头活水"。

半亩方塘，光影徜徉；其清如此，活水汪汪。

辛弃疾

　　辛弃疾（1140—1207），字幼安，号稼轩居士，历城（今属山东济南）人。官浙东安抚使、镇江（今属江苏）知府等。与苏轼并称"苏辛"。有《稼轩长短句》。

丑奴儿·书博山道中壁[1]

　　少年不识愁滋味，爱上层楼[2]。爱上层楼，为赋新词强说愁[3]。

　　而今识尽愁滋味，欲说还休。欲说还休，却道"天凉好个秋"！

（《辛弃疾集编年笺注》卷八，中华书局2015年）

注释

[1] 丑奴儿：词牌名，又名《采桑子》。博山：山名，在今江西广丰。
[2] 层楼：高楼。
[3] 赋：吟咏诗词。强（qiǎng）：勉强，硬要。

简析

　　据辛更儒《稼轩先生辛弃疾年谱》，宋孝宗淳熙八年（1181）十二月，辛弃疾罢职，退居上饶（今属江西）。赋闲期间，行经博山，将这首词题写于石壁之上。这篇作品对比少长，用语浅白，却道出人生复杂况味。

　　少年不知愁，却爱上层楼；为赋词一曲，强说心中愁。而今愁识尽，欲说却还休；慨然一声叹，天凉好个秋！

清平乐 [1]

茅檐低小,溪上青青草。醉里吴音相媚好[2],白发谁家翁媪[3]?

大儿锄豆溪东,中儿正织鸡笼。最喜小儿亡赖[4],溪头卧剥莲蓬[5]。

(《辛弃疾集编年笺注》卷九,中华书局 2015 年)

注释

[1] 清平乐(yuè):词牌名。
[2] 吴音:吴地口音。相媚好:相互取悦。
[3] 翁媪(ǎo):老翁和老妇。
[4] 亡(wú)赖:即"无赖"。这里指小孩顽皮、淘气。
[5] 莲蓬:莲花开过以后的花托,内有莲子。

简析

辛弃疾闲居期间,创作了很多田园词,充满生活情趣。这首词描写乡村一家人温馨和谐的田园生活,恬淡自然,令人向往。

茅檐低低,溪草萋萋;醉里谈笑,吴侬软语;翁媪相偕,温情旖旎。大儿中儿,锄豆织笼;小儿无事,卧剥莲蓬;此情此景,何羡仙灵?

西江月·夜行黄沙道中[1]

明月别枝惊鹊[2],清风半夜鸣蝉。稻花香里说丰年,听取蛙声一片[3]。

七八个星天外,两三点雨山前。旧时茅店社林边[4],路转溪桥忽见[5]。

(《辛弃疾集编年笺注》卷一〇,中华书局2015年)

注释

[1] 西江月:词牌名。黄沙:即黄沙岭,在今江西上饶。
[2] 别枝:树木的斜枝。
[3] 听取:听得,听到。
[4] 茅店:指乡村旅店,以茅草覆盖屋顶而得名。社林:土地庙附近的树林。社,土地神。
[5] 见(xiàn):同"现",出现。

简析

词人运用白描手法,信手拈来,勾勒出一幅真切而美好的乡村画卷,让人有身临其境之感。

明月清风,鹊飞蝉鸣;才闻稻香,又听蛙声;星辰寥落,雨点飘零;旧时茅店,忽而重逢。

西江月·遣兴[1]

醉里且贪欢笑,要愁那得工夫[2]。近来始觉古人书,信着全无是处[3]。

昨夜松边醉倒,问松"我醉何如"?只疑松动要来扶,以手推松曰"去"。

(《辛弃疾集编年笺注》卷一三,中华书局2015年)

注释

[1] 遣兴:随兴而作,抒发情怀。遣,排遣,抒发。
[2] 那得:哪得,哪有。
[3] 着(zhuó):助词,用于动词之后。

简析

这首小词颇为别致,上阕全篇反语,下阕与松交流。看似通篇醉话,妙趣横生,反映出词人失意赋闲的胸中愁闷。

醉中欢笑,杯里乾坤。形神自在,不慕古人。松边醉倒,问松何如。我且未醉,何用汝扶?

戴复古

戴复古（1167—?），字式之，号石屏，天台黄岩（今浙江温岭）人。有《石屏诗集》《石屏词》。

清平乐·兴国军呈李司直[1]

今朝欲去，忽有留人处。说与江头杨柳树，系我扁舟且住[2]。

十分酒兴诗肠，难禁冷落秋光[3]。借取春风一笑[4]，狂夫到老犹狂[5]。

（《全宋词》第四册，中华书局1999年）

注释

[1] 兴国军：今湖北阳新。军，宋代行政区划术语。司直：官职名。宋代隶属大理寺。
[2] 扁（piān）舟：小船。
[3] 难禁（jīn）：难以承受，禁不住。
[4] 借取：借得，借来。
[5] 犹：仍。

简析

据吴茂云、郑伟荣《戴复古集》所附《光绪台州府志》本传载，戴复古一生不喜仕宦，游历江湖，交友众多。这首作品为临别赠词，尽显狂者英拔之气，俊爽豪放，古朴自然，掷地有声。

浪迹天下，逍遥四方。系舟杨柳，与君举觞。诗情酒意，难载秋光。借来春风，伴我疏狂。

蒋捷

蒋捷,生卒年不详,字胜欲,号竹山,阳羡(今江苏宜兴)人。有《竹山词》。

虞美人·听雨[1]

少年听雨歌楼上,红烛昏罗帐[2]。壮年听雨客舟中,江阔云低断雁叫西风[3]。

而今听雨僧庐下[4],鬓已星星也[5]。悲欢离合总无情,一任阶前点滴到天明[6]。

(《全宋词》第五册,中华书局1999年)

注释

[1] 虞美人:词牌名。
[2] 昏:昏暗。
[3] 断雁:离群孤雁。
[4] 庐:庐舍,房屋。
[5] 星星:白发点点的样子。
[6] 一任:任凭。

简析

据《丛书集成续编》第28册史部所录清人万斯同《宋季忠义录》卷一五,蒋捷为宋代末年进士,宋亡隐居。元成宗大德年间,同榜进士臧梦解为官,以才举荐,终不出仕，称竹山先生。这首词以"听雨"为主线，着墨精简，写出人生不同阶段之风景，跨度大，取材精，令人感佩不已。

春雨绵绵，少年欢颜；秋雨凄凄，前路逶迤；冬雨飘飘，此心萧条。人生匆匆，岁月无情。

释慧开

释慧开（1183—1260），号无门，俗姓梁，杭州（今属浙江）人。有《禅宗无门关》等。

颂 古[1]

春有百花秋有月，夏有凉风冬有雪。若无闲事挂心头，便是人间好时节。

（《全宋诗》第五七册卷二九九九，北京大学出版社1998年）

注释

[1] 颂古：禅诗的一种体式。首先选取禅宗公案，然后用这种诗的形式揭示其思想精义。

简析

这是慧开禅师《颂古》组诗中的一首。四时有序，景象不同；各具精妙，值得珍惜。若能超越俗世烦恼，则时时处处可获得欢喜自在。

灿灿春花，朗朗秋月；习习夏风，皑皑冬雪；心无挂碍，情无郁结；人生若此，万象和谐。

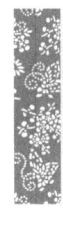

某尼

一般认为此篇作者为宋代某尼,生平不详。

悟 道

尽日寻春不见春,芒鞋踏遍陇头云[1]。归来笑拈梅花嗅[2],春在枝头已十分。

(《鹤林玉露》丙编卷六,上海古籍出版社2012年)

注释

[1] 芒鞋:泛指草鞋。陇头:原指边塞,这里指荒远之处。
[2] 拈(niān):用手指轻取。

简析

宋人罗大经《鹤林玉露》丙编卷六"道不远人"引《中庸》孔子曰:"道不远人,人之为道而远人,不可以为道。"道并不远离人们,行道而使道远离人们,那就不可以谓之道。又引《孟子·离娄上》孟子曰:"道在迩而求诸远,事在易而求诸难。"道在近处却往远处寻求,事情本来容易却搞得很难。然后,以此诗解之。

寻春无处,好不辛苦。眼高手低,熟视无睹。道不远人,豁然开悟。

马致远

马致远，生卒年不详，号东篱，大都（今北京）人。与关汉卿、郑光祖、白朴并称"元曲四大家"。有《东篱乐府》。

【越调】天净沙·秋思[1]

枯藤老树昏鸦[2]，小桥流水人家，古道西风瘦马。夕阳西下，断肠人在天涯[3]。

（《东篱乐府》，上海古籍出版社1989年）

注释

[1] 越调：宫调名。天净沙：曲牌名。
[2] 枯藤：干枯的藤蔓。昏鸦：黄昏归巢的乌鸦。
[3] 断肠：形容极度伤悲。

简析

这支散曲小令首先呈现一系列蒙太奇般的镜头，画面感极强，最后一句"断肠人在天涯"，道出画面视角，将游子悲秋满怀、浪迹天涯的感触尽情铺写开来。元周德清《中原音韵》将其誉为"秋思之祖"。

枯藤老树归暮鸦，流水小桥伴人家。夕阳古道秋风起，一怀愁绪在天涯。

于谦

于谦（1398—1457），字廷益，号节庵，钱塘（今浙江杭州）人。官兵部尚书。谥忠肃。有《于忠肃集》。

石灰吟[1]

千锤万击出深山，烈火焚烧若等闲[2]。粉骨碎身全不惜，要留清白在人间。

（《于谦集》，浙江古籍出版社 2016 年）

注释

[1] 石灰：一种胶凝材料，来自石灰石等原料，经过高温煅烧而成。
[2] 等闲：平常，寻常。

简析

《明史》卷一七〇《于谦列传》记载，明英宗正统十四年（1449）秋，蒙古瓦剌军入侵，英宗亲征，于土木堡（在今河北怀来）被俘。代宗即位，于谦为兵部尚书，率军民取得北京保卫战胜利。后英宗放归，复辟，于谦被杀害。史载，于谦正直清廉，查抄之时，家无余资。这首诗是一首咏物诗，实则以石灰自喻，表明自己高洁的志向与坦荡的胸怀。

千锤万凿，烈火焚烧，粉身碎骨，苦痛煎熬。等闲视之，自负节操，清白二字，何其重要！

中国古典诗文诵读

纳兰性德

纳兰性德（1655—1685），原名成德，字容若，号楞伽山人，满洲正黄旗人。官至一等侍卫。有《饮水词》。

长相思[1]

山一程，水一程，身向榆关那畔行[2]。夜深千帐灯。

风一更[3]，雪一更，聒碎乡心梦不成[4]。故园无此声。

（《饮水词笺校》卷二，中华书局2011年）

注释

[1] 长相思：词牌名。

[2] 榆（yú）关：即山海关，在今河北秦皇岛。畔（pàn）：边。

[3] 更（gēng）：古代夜间计时单位，一夜分为五更，一更约两小时。

[4] 聒（guō）：声音嘈杂。

简析

据《纳兰成德集》李宏所编年谱，纳兰性德为清朝大学士明珠长子，授三等侍卫，后迁至一等，多次扈驾出巡。清康熙二十一年（1682）二月，康熙启程赴东北，纳兰性德随行。二月二十日，至山海关，途中作此篇。这首词描写词人扈驾出行跋山涉水，在风雪之夜流露出的思乡之情。

山重水远，雪冷风寒；灯火摇曳，深夜无眠；身向榆关，心念故园。

郑燮

郑燮（1693—1766），字克柔，号板桥，兴化（今属江苏）人。官范县（今属河南）、潍县（今山东潍坊）知县，晚年居扬州（今属江苏）。"扬州八怪"之一。其诗、书、画世称"三绝"。有《板桥全集》。

竹 石

咬定青山不放松[1]，立根原在破岩中[2]。千磨万击还坚劲[3]，任尔东西南北风[4]。

（《郑板桥集》，中华书局 1962 年）

注释

[1] 咬定：咬住不放，比喻扎根牢固。
[2] 破岩：裂开的岩石。
[3] 坚劲（jìng）：坚定有力。
[4] 任：任凭。尔：你。

简析

据中华书局上海编辑所《郑板桥集》所附年表，清乾隆元年（1736），郑燮举进士，六年（1741），为范县（今属河南）令，十一年（1746），调任潍县（今山东潍坊）。为官期间，造福百姓，颇有口碑。十八年（1753），罢官，客居扬州，以书画为生而终。郑燮心胸旷达，性情狷介，诗词书画，皆见性情。这首诗为题画之作，赞美竹之坚劲，亦是作者人格自况。

咬定青山，立根破岩；磨击吹打，身心弥坚。

赵翼

赵翼（1727—1814），字云崧，号瓯北，阳湖（今江苏常州）人。官翰林院编修、贵西兵备道等。有《瓯北全集》等。

论 诗

李杜诗篇万口传[1]，至今已觉不新鲜。江山代有才人出，各领风骚数百年[2]。

（《瓯北集》卷二十八，上海古籍出版社 1997 年）

注释

[1] 李杜：指唐代著名诗人李白、杜甫。
[2] 风骚：原指《诗经》中的"国风"和屈原《离骚》，这里指"才人"的地位和影响。

简析

赵翼是清代著名学者。据《瓯北集》所附赵翼年谱，乾隆二十六年（1761）举进士，授翰林院编修，晚年讲学扬州安定书院，著有《廿二史札记》《陔余丛考》等，成就灿然。《论诗》原为组诗，或曰四首，或曰五首，此为其二。诗人以诗论诗，期盼中国诗歌求变求新，不断续写辉煌。

李杜诗篇，万人传诵；历代才人，美美与共。

龚自珍

龚自珍（1792—1841），字璱人，号定盦（ān），仁和（今浙江杭州）人。官礼部主事等。有《定盦全集》。

己亥杂诗[1]

浩荡离愁白日斜，吟鞭东指即天涯。落红不是无情物[2]，化作春泥更护花。

（《龚自珍诗集编年校注》，上海古籍出版社2013年）

注释

[1] 己亥：指道光十九年（1839）。
[2] 落红：落花。

简析

据上海人民出版社《龚自珍全集》所附年谱，道光十九年（1839）四月二十三日，龚自珍辞去礼部主事官职，离开京都，南归故里。七月到杭州，九月北上接家眷，十二月安顿停当。在此过程中，往返九千里，写下315首七绝，取名《己亥杂诗》，将平生所见所感，皆寓其中。此为第五首，抒写作者辞官离京时的惆怅，并表达不甘沉沦、余热自珍的情怀。

离愁万丈许，挥鞭一老翁。落花最有意，夕阳无限红。

己亥杂诗

九州生气恃风雷[1],万马齐喑究可哀[2]。我劝天公重抖擞[3],不拘一格降人材[4]。

(《龚自珍诗集编年校注》,上海古籍出版社2013年)

注释

[1] 九州:代指中国。生气:生机。恃:依靠,凭借。

[2] 喑(yīn):哑,沉默。究:毕竟。

[3] 抖擞(dǒusǒu):振作。

[4] 不拘一格:不局限于某种规格或形式。

简析

这首诗是《己亥杂诗》第一百二十五篇。诗人面对国运不济、民生凋敝的情形,大声疾呼,希望古老中华抖擞精神,再开国富民强之新局!

风生雷动,九州得兴;悲从中来,万马哀鸣;祈望苍天,重振雄风;不拘一格,良才降生!

李叔同

李叔同（1880—1942），名文涛，字叔同，法号弘一，平湖（今属浙江）人。有《李叔同集》。

送 别[1]

长亭外，古道边，芳草碧连天。晚风拂柳笛声残[2]，夕阳山外山。

天之涯，地之角，知交半零落[3]。一觚浊酒尽余欢，今宵别梦寒。

（《李叔同集》，天津人民出版社2006年）

注释

[1] 送别：此篇是李叔同为美国音乐人 John Pond Ordway（1824—1880）所作歌曲 Dreaming of Home and Mother《梦见家和母亲》重新填写的歌词。
[2] 拂（fú）：轻轻掠过。
[3] 知交：知心朋友。零落：飘零离散。

简析

李叔同是中国文化史上一位卓越大师，在文学艺术诸多领域皆有深厚造诣，并且培养了一大批优秀人才。这篇作品是为美国歌曲重新填词，与旋律珠联璧合，成为一首脍炙人口的学堂乐歌。这首歌词集结了中国古典诗词中经典的送别意象，营造出一种浓郁的古典情境。

　　长亭古道,夕阳芳草。浊酒对月,知己寥寥。骊歌一曲,黯然魂销。人生况味,悲辛萦绕。

参考书目

《诗经译注》，周振甫译注，中华书局2002年版。
《孟子译注》，杨伯峻译注，中华书局2008年版。
《大学中庸译注》，王文锦译注，中华书局2008年版。
《史记》，（汉）司马迁撰，中华书局1959年版。
《汉书》，（汉）班固撰，中华书局1962年版。
《三国志》，（晋）陈寿撰，中华书局1959年版。
《北齐书》，（唐）李百药撰，中华书局1972年版。
《隋书》，（唐）魏徵撰，中华书局1973年版。
《旧唐书》，（后晋）刘昫等撰，中华书局1975年版。
《新唐书》，（宋）欧阳修、宋祁撰，中华书局1975年版。
《旧五代史》，（宋）薛居正等撰，中华书局1976年版。
《新五代史》，（宋）欧阳修撰，中华书局1974年版。
《宋史》，（元）脱脱等撰，中华书局1985年版。
《明史》，（清）张廷玉等撰，中华书局1974年版。
《十国春秋》，（清）吴任臣撰，徐敏霞、周莹点校，中华书局1983年版。
《丛书集成续编》第28册史部，上海书店出版社1994年版。
《长安志》，（宋）宋敏求撰，中华书局1991年版。
《先秦汉魏晋南北朝诗》，逯钦立辑校，中华书局1983年版。
《文选》，（南朝梁）萧统编，（唐）李善注，中华书局1977年版。
《玉台新咏笺注》，（南朝陈）徐陵编，（清）吴兆宜注，（清）程琰删补，穆克宏点校，
　　中华书局1985年版。
《全唐诗》（增订本），中华书局编辑部点校，中华书局1999年版。
《唐诗三百首》，（清）蘅塘退士编，陈婉俊补注，中华书局1984年版。
《全唐诗简编》，高文主编，上海古籍出版社1993年版。
《花间集》，（后蜀）赵崇祚编，上海古籍出版社2005年版。
《全宋诗》，傅璇琮等主编，北京大学出版社1998年版。
《全宋词》，唐圭璋编纂，王仲闻参订，孔凡礼补辑，中华书局1999年版。
《白香词谱》，（清）舒梦兰著，丁如明评订，上海古籍出版社2011年版。

《乐府诗集》，（宋）郭茂倩编，中华书局1979年版。

《乐府诗选》，余冠英选注，人民文学出版社1953年版。

《乐府诗选》，曹道衡选注，人民文学出版社2000年版。

《中国古代文学作品选》，郁贤皓主编，高等教育出版社2015年版。

《域外词选》，夏承焘选校，张珍怀、胡树森注释，书目文献出版社1981年。

《陈子昂集》，（唐）陈子昂著，徐鹏校，中华书局1960年版。

《孟浩然诗集校注》，（唐）孟浩然撰，李景白校注，中华书局2018年版。

《高适集校注》，（唐）高适著，孙钦善校注，上海古籍出版社2014年版。

《王维集校注》，（唐）王维撰，陈铁民校注，中华书局2018年年版。

《李白年谱》，安旗、薛天纬著，齐鲁书社1982年版。

《李太白全集》，（唐）李白著，（清）王琦注，中华书局1977年版。

《李白全集校注汇释集评》，（唐）李白著，詹锳主编，百花文艺出版社1996年版。

《杜甫年谱》，四川省文史研究馆编，四川人民出版社1981年版。

《杜诗详注》，（唐）杜甫撰，（清）仇兆鳌注，中华书局2015年版。

《岑参集校注》，（唐）岑参著，陈铁民、侯忠义校注，上海古籍出版社1981年版。

《刘长卿诗编年笺注》，（唐）刘长卿著，储仲君撰，中华书局1996年版。

《韦应物诗集系年校笺》，（唐）韦应物著，孙望编著，中华书局2002年版。

《孟郊集校注》，（唐）孟郊著，韩泉欣校注，浙江古籍出版社2012年版。

《韩昌黎诗系年集释》，（唐）韩愈著，钱仲联集释，上海古籍出版社1984年版。

《刘禹锡评传》，卞孝萱、卞敏著，南京大学出版社1996年版。

《白居易年谱》，朱金城著，上海古籍出版社1982年版。

《白居易集笺校》，（唐）白居易著，朱金城笺校，上海古籍出版社1988年版。

《柳宗元年谱》，施子愉著，湖北人民出版社1958年版。

《元稹集校注》，（唐）元稹著，周相录校注，上海古籍出版社2011年版。

《李商隐诗歌集解》，刘学锴、余恕诚著，中华书局1988年版。

《温庭筠词集·韦庄词集》，（唐）温庭筠、（唐）韦庄著，聂安福导读，上海古籍出版社2010年版。

《李煜词集》，（南唐）李煜著，上海古籍出版社2016年版。

《珠玉词》，（宋）晏殊撰，胡士明校点，上海古籍出版社1989年。

《王安石诗文选评》，（宋）王安石著，高克勤撰，上海古籍出版社2002年版。

《王荆文公诗笺注》，（宋）王安石著，（宋）李壁笺注，高克勤点校，上海古籍出版社 2010 年版。

《苏轼诗集合注》，（宋）苏轼著，（清）冯应榴辑注，黄任轲、朱怀春校点，上海古籍出版社 2001 年版。

《黄庭坚诗集注》，（宋）黄庭坚撰，（宋）任渊等注，刘尚荣校点，中华书局 2003 年版。

《李清照集笺注》，（宋）李清照著，徐培均笺注，上海古籍出版社 2018 年版。

《陆游年谱》，于北山著，中华书局 1961 年版。

《陆游集》，（宋）陆游著，中华书局 1976 年版。

《杨万里年谱》，于北山著，于蕴生整理，上海古籍出版社 2006 年版。

《杨万里诗文选注》，（宋）杨万里著，于北山选注，上海古籍出版社 1988 年版。

《朱子全书》，（宋）朱熹撰，朱杰人、严佐之、刘永翔主编，上海古籍出版社、安徽教育出版社 2010 年版。

《辛弃疾集编年笺注》，（宋）辛弃疾著，辛更儒笺注，中华书局 2015 年版。

《戴复古集》，（宋）戴复古著，吴茂云、郑伟荣校点，浙江大学出版社 2012 年版。

《东篱乐府》，（元）马致远撰，邓长风点校，上海古籍出版社 1989 年版。

《于谦集》，（明）于谦著，魏得良点校，浙江古籍出版社 2016 年版。

《饮水词笺校》，（清）纳兰性德撰，赵秀亭、冯统一笺校，中华书局 2011 年版。

《纳兰成德集》，康奉、李宏、张志主编，北京古籍出版社 2006 年版。

《郑板桥集》，（清）郑燮著，中华书局 1962 年版。

《瓯北集》，（清）赵翼著，李学颖、曹光甫校点，上海古籍出版社 1997 年版。

《龚自珍诗集编年校注》，（清）龚自珍著，刘逸生、周锡䪖校注，上海古籍出版社 2013 年版。

《龚自珍全集》，（清）龚自珍著，上海人民出版社 1975 年版。

《李叔同集》，李叔同著，郭长海、郭君兮编，天津人民出版社 2006 年版。

《李叔同诗歌评注》，朱兴和著，上海交通大学出版社 2013 年版。

《中国文学家大辞典》（先秦汉魏晋南北朝卷），曹道衡、沈玉成编撰，中华书局 1996 年版。

《中国文学家大辞典》（唐五代卷），周祖譔主编，中华书局 1992 年版。

《中国文学家大辞典》（宋代卷），曾枣庄主编，中华书局 2004 年版。

《唐诗大辞典》，周勋初主编，凤凰出版社 2003 年版。

《水经注》，（北魏）郦道元撰，陈桥驿点校，上海古籍出版社 1990 年版。

《集异记》,（唐）薛用弱撰，中华书局1980年版。

《本事诗·续本事诗·本事词》,（唐）孟棨等撰，李学颖标点，上海古籍出版社1991年版。

《唐才子传校笺》，傅璇琮主编，中华书局1987年版。

《唐诗纪事》,（宋）计有功辑撰，上海古籍出版社2013年版。

《太平广记》,（宋）李昉等编，中华书局1961年版。

《默记》,（宋）王铚撰，朱杰人点校，中华书局1981年版。

《东坡志林》,（宋）苏轼撰，王松龄点校，中华书局1981年版。

《沧浪诗话》,（宋）严羽撰，中华书局1985年版。

《鹤林玉露》,（宋）罗大经撰，孙雪霄校点，上海古籍出版社2012年版。

《中原音韵》,（元）周德清辑，中华书局1978年版。

《本草纲目》（金陵本）新校注,（明）李时珍著，王庆国主校，中国中医药出版社2013年版。

《中国古代音乐史稿》，杨荫浏著，人民音乐出版社1981年版。